Crise : une chance pour la France ?

Jean-Paul Betbèze

Crise : une chance pour la France ?

Presses universitaires de France

DU MÊME AUTEUR

La crise des subprimes, en coll. avec Patrick Artus, Christian de Boissieu et Gunther Capelle-Blancard, Paris, La Documentation française, « Conseil d'analyse économique », n° 78, 2008.

Fonds souverains : à nouvelle crise, nouvelle solution ? (sous la dir. de), Paris, PUF, « Cahier du Cercle des économistes », 2008.

Rapport annuel 2007, Observatoire des délais de paiement (sous la dir. de), Paris, Banque de France, décembre 2007.

Les 100 mots de la banque, en coll. avec Georges Pauget, Paris, PUF, « Que sais-je ? », 2007.

PME, quelle stratégie pour la France, en coll. avec Christian Saint-Étienne, Paris, La Documentation française, rapport au Conseil d'analyse économique, n° 61, 2006.

Rapport annuel 2006, Observatoire des délais de paiement (sous la dir. de), Paris, Banque de France, décembre 2006.

Les seniors et l'emploi en France, en coll. avec Antoine d'Autume et Jean-Olivier Hairault, Paris, La Documentation française, rapport au Conseil d'analyse économique, n° 58, 2005.

Les 100 mots de l'économie, Paris, PUF, « Que sais-je ? », 2005, trad. grecque, portugaise.

Financer la R&D, Paris, La Documentation française, Conseil d'analyse économique, n° 59, 2005.

La peur économique des Français, Paris, Odile Jacob, 2004.

Les dix commandements de la finance, Paris, Odile Jacob, 2003. Prix Risques - Les Échos, Prix spécial Turgot.

La France grâce à l'Europe, Paris, Fondation Robert-Schuman, « Note de la Fondation Robert-Schuman », n° 18, 2003.

Mots et mécaniques de l'économie, préface de Serge Marti, Paris, Economica, 2ᵉ éd., 2003.

L'investissement, Paris, PUF, « Que sais-je ? », 1990.

La conjoncture économique, Paris, PUF, « Que sais-je ? », 2ᵉ éd., 1989 (trad. russe, 1996).

Économie de l'entreprise contemporaine, Paris, Nathan, 1989.

Manuel d'économie contemporaine, Paris, Nathan, 1987.

ISBN 978-2-13-057438-5

Dépôt légal — 1ʳᵉ édition : 2009, janvier
3ᵉ tirage : 2009, juin

© Presses Universitaires de France, 2009
6, avenue Reille, 75014 Paris

La fin d'un monde

Pour Joselyne.

1 % de croissance en 2008 et rien en 2009, une récession peut-être, puis sans doute une longue phase de faible croissance, des déficits budgétaires qui montent, et la colère qui gagne des syndicats qui grognent : sommes-nous donc en France au fond de la piscine ? Août 2007 : une crise internationale naît à partir de crédits américains à l'immobilier pour des personnes économiquement fragiles (*subprimes,* au-dessous de la moyenne en termes de risque). Elle se propage et inquiète. Des queues devant des banques, non pas seulement en Asie ou dans d'autres pays émergents, mais en Angleterre et aux États-Unis. Pas au XVIIIe siècle, mais maintenant ! Des faillites, des mariages bancaires précipités, des nationalisations en Angleterre (!) et aux États-Unis (!). Que se passe-t-il donc ? Où allons-nous ?

En France, n'avons-nous plus rien à faire d'autre que de donner un (violent) coup de pied pour remonter et reprendre notre respiration ? Ou allons-nous rester entre deux eaux et tenter un record d'apnée, en attendant que tout se calme ? Ou encore crier très fort et critiquer tout : les Américains, les banquiers, les spéculateurs, les Européens, le « système » ? Bref, tout le monde – sauf nous. Réponse dans quelque temps, car l'air se fait rare et le *coach,* là-haut, s'impatiente.

SARKO SUPERSTAR

« Le Président » serait plus exact. De fait, si le Président Sarkozy (ou « Sarko » dans la suite du texte) n'était pas là, il aurait fallu l'inventer. Il joue en effet, dans la psyché française, ce rôle

1

complexe et indispensable de l'entraîneur qu'on rêve de quitter, voire, pour certains, du sauveur qu'on déteste. Tout tourne autour de lui et à un niveau rare, un peu parce qu'il le veut, un peu parce qu'il n'y a guère que lui.

Bien sûr, l'histoire politique est pleine de ces personnes qu'on honnit (en général, les *leaders*) ou n'aime pas (leurs adjoints). Elle est aussi emplie (un peu moins) de figures de sauveurs, abbé Pierre ou Mendès France. Ces *French doctors* de la politique servent un peu (voire très peu) dans l'action, plus longtemps (voire très longtemps) dans celle qu'on aurait dû ou devrait mener. Mais un tel mélange haine/amour est rare au niveau que nous vivons avec le Président Sarkozy. Il touche seulement ceux qui ont vraiment voulu changer le pays. De Gaulle sans aucun doute, VGE moins dans la mesure où il n'a pas entièrement tenu ce qu'il promettait, Mitterrand moins encore, dans la mesure où il a tenu ce qu'il ne promettait pas, et symétriquement. Est-ce bien utile ? Cette réaction ne risque-t-elle pas de nous aveugler ?

ACTION FIRST

Jusqu'à présent au moins, la figure de Sarko est en effet singulière, dans la mesure où elle se veut d'abord et avant tout celle de l'action. Cette figure est omniprésente, tous azimuts, souvent brouillonne et donc constamment revue. Elle alterne déconvenues et retouches de propositions, erreurs et rattrapages, voire passages à la trappe, tant la vitesse et la multiplicité des programmes à mener empêchent (jusqu'à présent du moins) le double danger du ralentissement et de l'erreur en spirale. Mais on ne peut nier déjà des réussites : pensons à l'Université, à la Constitution européenne ou aux régimes spéciaux de retraite. On ne peut nier non plus que cette réactivité internationale a changé quelques donnes : pensons à l'Europe, à la Géorgie ou à cette crise financière mondiale, avec la réunion du G20 fin novembre 2008. Sans lui, aurait-elle eu lieu ?

Il y a un côté cinétique chez Sarko, pas seulement cinématographique. Il est indispensable d'ailleurs à la mise en œuvre du programme français de réformes, le pluriel étant ici essentiel. Sarko est une sorte d'anti-Juppé, qui avait en son temps présenté un programme complet (et parfait) de réformes, jusqu'à ce qu'il butte sur la première, les systèmes spéciaux de retraite, et que les grèves de la SNCF immobilisent non seulement Paris, mais toute sa stratégie. On le comprend, Sarko a sûrement étudié les projets de ses prédécesseurs, plus précisément la longue liste de ces programmes qui n'aboutissent pas.

Les Français savent bien que des réformes leur sont indispensables. Mais ils savent mieux encore qu'il est toujours possible d'obtenir des ajustements, des amodiations, plus encore des délais. Notre recherche du temps perdu de la non-réforme a même un nom : alternance. La combinaison des contraires. Il suffit de fragiliser les élus, de leur marteler que leur temps ici-bas est compté pour qu'ils parent au plus pressé, bouchent des fissures, proposent quelques aménagements et ainsi se « prolongent ». Puis un jour, ils laissent la place à d'autres, avec un peu plus de dette publique à la clef. Et ainsi de suite.

PLUS DE TEMPS À PERDRE

Mais on préfère dire que c'est la crise mondiale, que c'est la concurrence et la globalisation, que c'est la construction européenne, ou encore que c'est la revanche des pays émergents qui sont en cause. Allons : ce jeu atteint ses limites. Le fond de la piscine (la nôtre) est proche.

Et si la politique est parfois l'art de gagner du temps de réforme (« après moi le déluge » sous sa forme extrême), l'économie est son contraire. Dans la lutte qui oppose ces deux forces, l'économie pousse à changer, la politique à ménager les transitions. L'une a la tristesse de la vertu, l'autre la chaleur de la compréhension. L'une peint les hommes tels qu'ils devraient être, l'autre tels qu'ils sont (on aura reconnu le fameux tandem Corneille-Racine).

3

Or, dans la vraie vie, ces deux forces ne peuvent que fonctionner ensemble : la politique ne peut oublier l'économie, l'économie est évidemment politique. En outre, cet étrange attelage a ses limites. D'abord, c'est toujours un attelage. La politique de la France ne se fait pas *à* la Corbeille, mais moins encore *hors* de la Corbeille, *hors* de ce qui s'y dit, s'y passe ou s'y achète. Ensuite, cet attelage ne fonctionne jamais selon les mêmes rythmes. Tantôt l'économie avance et la politique freine, cas le plus fréquent, tantôt c'est l'inverse. D'où la question : vivons-nous aujourd'hui une accélération du politique, pour remplir notre retard de réformes ? Peut-être, mais le pari est risqué. Sans doute, mais il n'y a pas d'autre solution. Nous avons tant tardé. Et l'économie se porte mal.

L'ART DE CHANGER

Car la politique du changement est un art. Les experts vous expliquent que c'est toujours long, difficile, risqué, et en même temps toujours nécessaire. Les opposants, bien sûr, mais aussi les amis/concurrents vous freinent toujours, même s'ils sont plus ou moins d'accord avec ce que vous faites. Sans le dire clairement (bien sûr). À cela s'ajoutent tous ceux qui ont à perdre aux réformes et en voient le risque. Eux s'expriment. Face à ces oppositions, embûches et autres ralentisseurs, certains vous conseillent de faire sans dire, d'autres de réformer graduellement, d'autres d'agir au-dessous de l'écran radar, d'autres de préférer l'*opus incertum* au jardin à la française d'Alain Juppé. Et d'autres vous proposeront enfin de « machiavéliser » la scène. Selon eux, il faut promettre beaucoup pour être élu, puis mener des réformes fortes une fois le pouvoir pris, pour que leurs effets positifs se manifestent et permettent ensuite la réélection.

Mais les gradualistes n'atteignent jamais la masse critique des réformes. Ils ne tournent jamais assez de pages. La *reform fatigue* les menace, comme un régime amaigrissant qui fonctionnerait à l'homéopathie. Un régime qui va d'autant plus créer d'oppositions qu'il n'a jamais annoncé son objectif de réformes profondes et n'a donc pas de mandat populaire pour les mener.

Mais les machiavéliens ont aussi les pires difficultés à agir de façon brutale dans un univers démocratique. Par construction, ils ne peuvent s'en prendre à la majorité du peuple. Or l'union (au sens ensembliste du terme) de toutes les populations à réformer se transforme vite en majorité politique. C'est le fameux rassemblement des mécontents, vite rejoints par les inquiets. Et cela d'autant plus que le programme de réformes est important, sans compter celles qu'on (médias, opposition, experts divers) vous prête.

Sarko ne paraît ni gradualiste ni machiavélique. Il a annoncé qu'il entendait mener des réformes, et vite. Il a parlé de rupture et est élu sur cette base. Il est donc impossible de jouer les surpris, les inquiets ou les trompés. Nous savions tous qu'il mènerait une politique de réformes importantes. De plus, il se trouve que notre homme est courageux (c'était sans doute un pré-requis). Il n'est pas impossible qu'il ait quelque talent, peut-être quelque chance, sans doute aussi qu'il soit tellement homme de pouvoir qu'il dépasse en volonté ses amis et ennemis. Cela n'est pas du luxe, dans la crise bancaire, financière et désormais économique, que nous traversons. Nous verrons bien ! Et pour *bien* voir, nous devons nous poser quelques questions.

Qu'il soit permis à l'auteur de remercier ici Thibault Leclerc pour sa lecture décapante, son exigence de clarté et son sens de la présentation des idées, Gunther Capelle-Blancard et Élisabeth Kremp pour leurs remarques et leur sens de la précision, Annie Préel pour les documents trouvés et les relectures, Sylvianne Vincelle-Sananès et Sophie Gaubert pour leur patience.

Une pensée toute spéciale à Joselyne, à l'origine de l'idée même de ce livre, de la démarche et du style (sans oublier la lectrice patiente), et à Paul-Hadrien, relecteur et soutien technologique précieux. Bien sûr, je suis seul responsable des opinions ici exprimées.

CHAPITRE 1

Seuls les bébés mouillés
aiment être changés !

Connaissant les Français pour en être, le plus étonnant est qu'il s'en trouve encore qui cherchent à nous diriger, à vouloir nous réformer, plus exactement nous... *changer* et que certains y réussissent ! Au début tout au moins. Car voilà des années que nous avons fourbi les armes de l'immobilisme et que nous connaissons par cœur l'art du *statu quo*. Pour nous bouger, il faut donc tuer les moyens que nous avons trouvés pour tuer ceux qui s'y aventurent.

ILS SE LASSERONT AVANT MOI !

Nous les adorons, ces joutes présidentielles. Nous suivons avec passion ces présidentiables des divers partis, dans leurs universités d'été et autres fêtes préparatoires d'avant congrès. Sans oublier bien sûr les congrès eux-mêmes. Nous les regardons, ces batailles de sénateurs et de députés, de maires et de conseillers généraux. Pour une raison bien simple : il nous faut bien les connaître, ceux qui veulent tant nous faire du bien, nous changer un peu, nous protéger plus encore – en nous renforçant, bien sûr. Bien les connaître, mais surtout pour les contrer. Voilà pourquoi nous sommes si friands de ces Français qui veulent diriger des Français, et que nous leur souhaitons bonne chance... avec nous. Car, à force d'observations et d'analyses, nous sommes fin prêts. Nous les avons si longtemps vus, et de si près, ces animaux. Nous sommes, comme nous le disons avec fierté, « très politiques ». Et nous les connaissons aussi ces alternances entre ceux qui veulent changer et les autres : depuis des siècles !

Réformateurs et conservateurs : notre vieux combat

— Henri III : il établit un *Estat du domaine et des finances de France* (1583)... qui lui permet de mieux lever l'impôt, tandis qu'il fait d'importantes économies pour équilibrer les comptes du Royaume, jusqu'aux troubles de la Ligue. Il fait rédiger un code qui unifie les coutumes juridiques et crée le Conseil d'État, à partir du Conseil du roi, divisé en sections.

— Colbert : c'est un interventionniste, faute d'initiative privée nous dira-t-il. C'est lui qui permet au successeur de Louis XIII d'être Louis XIV. Contre les disettes agricoles, il fait en sorte d'accroître la production de pain noir et de denrées à bon marché... pour tenir les salaires et les prix. Il intervient dans l'industrie (textile, métallurgie, verre, sucre...) et crée des manufactures d'État ou royales, qui appartiennent, elles, à des particuliers qui reçoivent un privilège du roi. En bon mercantiliste, il entend protéger et exporter.

— Turgot : c'est « la lettre au roi », au lendemain de sa nomination aux finances. « Je me borne en ce moment, Sire, à vous rappeler ces trois paroles : point de banqueroute ; point d'augmentation d'impositions ; point d'emprunts. – Point de banqueroute, ni avouée, ni masquée par des réductions forcées. – Point d'augmentation d'impôts ; la raison en est dans la situation de vos peuples et encore plus dans le cœur de Votre Majesté. – Points d'emprunts, parce que tout emprunt diminue toujours le revenu libre ; il nécessite, au bout de quelque temps, ou la banqueroute, ou l'augmentation des impositions. Il ne faut pas, en temps de paix, se permettre d'emprunter que pour liquider des dettes anciennes, ou pour rembourser de ces emprunts faits à un denier plus onéreux. Pour remplir ces trois points il n'y a qu'un moyen. C'est de réduire la dépense au-dessous de la recette, et assez au-dessous pour pouvoir économiser chaque année une vingtaine de millions afin de rembourser des dettes anciennes. Sans cela, le premier coup de canon forcerait l'État à la banqueroute. »

— d'Allarde : il fait voter le 1er avril 1791 par la Constituante la suppression des organisations « gothiques » des métiers jurés et des confréries.

— Napoléon III : c'est un libre-échangiste (traité avec l'Angleterre du 23 janvier 1860). Sous son règne les chemins de fer sont soutenus, structurés et étendus. Ce qui aide l'industrie : fer, acier, exploitation de la houille... Le crédit est développé, et surveillé par la Banque de France. Il y a chez Napoléon III un double désir de croissance et de contrôle, pour éviter les « emballements » (*alias* les cycles).

— Méline : c'est l'archétype du protectionniste, donnant son nom aux « tarifs Méline » protégeant l'agriculture de la concurrence et mettant fin au libre-échange initié sous le Second Empire.

Étrange idée, en effet, quand on nous connaît, râleux (comme disent de nous les Canadiens français), astucieux (pour éviter les contraintes) et surtout si jaloux (comparant toujours les résultats et jamais les efforts), que de vouloir nous guider, et plus encore nous changer. Non pas que nous pensions être parfaits ou que nous soyons conservateurs dans l'âme. Pas du tout. Nous connaissons nos travers et nos limites. Nous savons que tout change autour de nous et que les modèles économiques et sociaux s'usent, dont le nôtre. Nous sommes tout, sauf idiots. Nous savons même que ces modèles s'usent aujourd'hui de plus en plus vite, et même que celui qui ne les change pas vite prend de gros risques. Dont celui de disparaître.

MAIS QUEL INTÉRÊT À BOUGER AUJOURD'HUI ?

Nous sommes prévenus, au moins depuis 1919 avec ce cher Paul Valéry : « Nous autres, civilisations, nous savons maintenant que nous sommes mortelles. »[1] Nous aimons même qu'on nous

1. Paul Valéry, *Regards sur le monde actuel*, Paris, Stock, 1931.

parle régulièrement de décrochage, reflux, recul, perte (de), décadence ou déclin. Cela nous donne un frisson exquis, un début de peur, presque l'idée de bouger du fauteuil. Mais sans le faire, bien sûr.

Nous avons bien vu, en quelques années, monter l'ex-Espagne de Franco. C'était celle, il y a vingt ans, qui avait un revenu par tête inférieur de près d'un tiers à celui d'un Européen moyen. Elle a maintenant recollé au peloton. Nous avons bien vu aussi les bas et les hauts des Anglais, très bas il y a trente ans, puis très hauts, et maintenant encore hauts, mais avec quelques difficultés. Nous avons suivi cette stratégie constante des Allemands, des années durant, toujours plus riches car toujours sérieux, toujours à l'heure, et maintenant plus nombreux, ayant économiquement absorbé leur Est. Nous venons même de voir les Jeux olympiques de Pékin, pollués peut-être, avec le dalaï-lama bien sûr, sans beaucoup de libertés publiques, mais sans faute d'organisation non plus. Une vraie leçon de rattrapage mondial.

Nous savons bien qu'il nous faudrait changer. Mais la question n'est pas là. La seule est de savoir si, oui ou non, maintenant ou plus tard, vite ou doucement, nous allons nous décider à bouger vraiment, et dans la bonne direction ? Pour répondre, il faut voir comment la méthode Sarko déroute ou dépasse les chicanes que nous avons patiemment construites, des années durant. Car c'est là le fruit de tout notre travail d'observation et d'obstruction. Sarko va-t-il réussir à le détruire ?

ÇA NE MARCHERA JAMAIS !

La première chicane est celle de l'impossible. Mais voyons, ça ne marchera jamais. Les syndicats n'accepteront pas ou ne seront pas d'accord entre eux, et surtout ils ne seront jamais d'accord avec le MEDEF. Les *lobbies* ne permettront pas. Et vous avez pensé à Bruxelles ? Ou encore : il n'y a et il n'y aura pas de majorité politique, sociale, syndicale, ou d'idées pour faire ce que vous avez en tête... même si ce n'est pas mal (*Nota*, en France, on ne dit jamais : « C'est bien », on dit : « Ce n'est pas mal »). Arrêtez, on ne passe pas.

ON A TOUT ESSAYÉ...

Vous venez ici avec le énième plan, la dernière en date des nouvelles façons de réduire le chômage, de soutenir les PME et – pourquoi pas ? – de faire vivre les régions. Mais, jeune homme, nous y avons pensé avant ! Avez-vous eu les rapports X et Y, les travaux d'Untel ? Avez-vous suivi les propositions Z et les malheureuses tentatives de W ? Tous sont ou étaient des hommes et des femmes remarquables, pleins de talent et d'allant, généralement issus d'une même école d'administration. Las ! Tous leurs travaux gisent désormais dans le vaste cimetière des idées ingénieuses et des tentatives avortées. La France est une maison de Rapports. Pour qui donc vous prenez-vous ? Pour qui donc nous prenez-vous ?

C'EST PLUS COMPLIQUÉ QUE VOUS NE LE PENSEZ !

Ou encore : pas validé par Untel, pas passé devant la Commission ou la Haute Autorité, pas tout vu ni tout compris (et loin s'en faut, d'ailleurs). Connaissez-vous les lois X et Y ? Savez-vous que ce que vous proposez contrevient aux normes, us et coutumes, interprétations constantes, lois Lxxx et autres règlements ? Allez, c'est beaucoup plus compliqué que vous ne le pensez. Revenez donc plus tard, en ayant plus travaillé.

PAS TANT, PAS SI VITE, PAS ÇA *ET* ÇA

Mais c'est trop, mais c'est trop vite, et incompatible entre un point et un autre. Prenez donc votre temps. Une réforme par an, par exemple. C'est le bon rythme. Vous l'annoncez, vous préparez vos dossiers et l'opinion. Grand avantage de cette méthode, aussi sage que graduelle : tous les autres acteurs sont tranquilles. Ils peuvent même aider à bloquer le projet : on les appelle alors « chômeurs par procuration ». Ils ne bougent pas mais c'est tout comme, et expriment par sondage à quel point ils sont d'accord avec les manifestants. En face, voici la puissance publique qui va masser ses forces sur tel ou tel projet, face à un adversaire désigné qui sait ce qui l'attend. C'est l'affrontement programmé, avec ses discussions et ses manifestations, avec ses cortèges d'articles de presse et de travaux d'analyse. 100 000 personnes dans les rues selon les organisateurs, 12 000 selon la police. C'est donc un succès, diront les syndicats, un succès dont nous demandons solennellement aux pouvoirs publics de bien prendre la mesure, ajoutent-ils. Autrement, ce sera bientôt pire. On le comprend, tout cela use l'État qui veut changer, pas vraiment les syndicats et les négociateurs dont c'est la raison d'être, mais surtout nous, Français. Quoi, encore une manifestation ! Ce n'est pas encore fini ! Encore un conflit... parce qu'il faut faire encore une réforme ! Mais ça ne s'arrêtera donc jamais ! Nous sommes fatigués de toutes ces tensions : concluez vite, ou ajournez.

PAS COMME ÇA !

Vous savez, je vais vous le dire en confidence, votre méthode n'est pas la bonne (rappel : on ne dit pas « est mauvaise »). L'idée est intéressante, pas vraiment la mise en œuvre. Or, dans notre vieux pays, la forme est au moins aussi importante que le fond, la façon de faire vaut autant que ce qu'on fait. Ah, trésors de l'élégance française, du « je ne sais quoi » et du « presque rien » qui changent... tout (eux) ! Il vous faut donc retravailler le texte, revoir le phrasé, améliorer l'intonation, peaufiner liaisons et oppositions, changer le nom, et sans doute aussi revoir l'acronyme. Bref, il vous faut repenser les alliances et les divergences. Il faut

12

que le gant qui recouvre la main de fer soit d'un plus beau velours, selon l'expression prêtée au cher Bernadotte. Variante : « C'est un peu court, jeune homme ! »

C'EST TOUT OU C'EST RIEN

Voilà la marche à suivre, le rapport à mettre en œuvre. Des 100 pages du rapport Rueff-Armand de 1960 aux 242 du rapport Attali de 2008, on mesure l'étendue du travail à accomplir, avec ses constantes. Il s'agit toujours de simplifier, trente-huit ans après, de libérer, de faire jouer la concurrence sur les marchés des biens et du travail. Et de ne pas oublier non plus d'ouvrir les magasins le dimanche, ni de s'occuper des taxis parisiens. Ah ceux-là, depuis la bataille de la Marne, on ne les trouve plus quand on les cherche ! Ils ne sont pas toujours gentils et toujours plus chers ! La liste de nos grands chantiers n'a pas beaucoup vieilli. Certes, on ne trouve plus les pages sur la meunerie, la semoulerie et la boulangerie du rapport Rueff-Armand chez Attali. En revanche, on y trouve toujours des propositions sur les notaires, les avoués, les pharmaciens... et les taxis.

On note aussi, d'un rapport à l'autre, qu'on parle maintenant d'ambition et d'urgence : le ton est moins policé, plus direct. Changement d'ère ou crise plus forte ? Mais ce qui rapproche les deux textes, au-delà des propositions qui entendent toutes donner plus de place aux marchés, c'est leur caractère global et ramassé. Tous deux abordent les questions du temps nécessaire à la mise en œuvre des réformes (compacté ou séquentiel) et de leur quantité (un peu, beaucoup, plus encore...). Et les deux concluent qu'il faut expliquer et convaincre, mais plus encore agir vite et opter pour une masse critique de changements. Le rapport Rueff-Armand le dit fort bien : « Les recommandations qui suivent visent des obstacles graves au développement économique. Appliquées séparément ou en une longue période, elles laisseraient subsister, en certains secteurs, les

Rapport Rueff-Armand
(Rapport sur les obstacles à l'expansion économique – 1960)

1 / Réduire les rigidités qui affectent l'économie (ententes, propriété commerciale, notaires, avoués, pharmaciens, taxis...).

2 / Éliminer les atteintes à la véracité des coûts et des prix (transports, loyers, sucre, utilisation des déclarations fiscales...).

3 / Écarter les obstacles à une croissance harmonieuse (distribution, emploi, immigration, aménagement du temps de travail, politique économique régionale).

4 / Remédier aux insuffisances de l'information et de l'instruction (les problèmes de l'enseignement, de l'information statistique, la formation et l'information économique).

5 / Réformer l'administration (utilisation du capital immobilier des collectivités publiques, achats publics et gestion des matériels, techniques modernes d'analyse et de préparation des décisions, relations avec l'administration, problème des circonscriptions territoriales).

Rapport Attali
(Rapport de la Commission pour la libération de la croissance française – 2008)

Ambition 1 — Préparer la jeunesse à l'économie du savoir et de la prise de risque.

Ambition 2 — Participer pleinement à la croissance mondiale et devenir champion de la nouvelle croissance.

Ambition 3 — Améliorer la compétitivité des entreprises françaises, en particulier celle des PME.

Ambition 4 — Construire une société de plein-emploi.

Ambition 5 — Supprimer les rentes, réduire les privilèges et favoriser les mobilités.

Ambition 6 — Créer de nouvelles sécurités à la mesure des instabilités croissantes.

Ambition 7 — Instaurer une nouvelle gouvernance au service de la croissance.

Ambition 8 — Ne pas mettre le niveau de vie d'aujourd'hui à la charge des générations futures.

protections et les rigidités présentes, alors qu'elles les supprime-raient en d'autres. De ce fait, il est important que, autant que pos-sible, elles soient mises en œuvre dans une procédure d'ensemble. » On ne change pas la société par décret, nous dit Michel Crozier... en 1979[1]. Ni dans un grand décret d'ensemble, ni dans une série de décrets, pris au fur et à mesure. Mais alors comment ?

TOUT ET SON CONTRAIRE

Il faut faire la révolution, exproprier les expropriateurs, prendre aux riches pour donner aux pauvres... Quelle modernité program-matique ! La France est riche, nous répète-t-on, mais la masse des Français est, elle, de plus en plus pauvre. Staline, fameux théoricien de la paupérisation relative, est dépassé par les tenants de la paupé-risation absolue (Mme Laguiller). Et quand on oppose à ces phrases répétées au fil des ans et des campagnes présidentielles les chiffres de croissance, d'équipement des ménages, d'encours de livrets ou d'assurance vie, ou même la simple vue de ce qui se passe autour de nous depuis vingt ans, nous voilà accusés de ne pas voir la misère... cachée. Vos remarques trahissent votre position, vous dit-on, votre situation (de classe), votre parti pris ! En réalité, c'est la crainte qui s'exprime ainsi, une crainte évidemment *exploitée*.

De fait, il y a des inégalités en France. Elles se creusent depuis quelques années avec l'ouverture de notre économie, mais seule-ment pour une frange extrêmement limitée de la population. La France n'a pas fondamentalement changé son pacte social et poli-tique de gestion des inégalités de revenu. Les 10 % ayant les plus hauts revenus gagnaient 4,5 fois le revenu moyen au début du siècle passé, mais 3,5 actuellement. Quant aux revenus des 20 % les plus riches rapportés à celui des 20 % les plus pauvres, il est de 4,2 en

---

1. Michel Crozier, *On ne change pas la société par décret*, Paris, Grasset-Fasquelle, 1979.

France, 4,4 en Allemagne, 5,3 en Angleterre et 4,8 dans l'Europe des 25. « La part des 0,01 % des foyers le mieux lotis est passée d'environ 3 % à la fin de Première Guerre mondiale à environ 0,5 % - 0,6 %. »[1] Les travaux les plus récents confirment ce point, qui n'est pas perçu : « La France est un des cinq pays de l'OCDE où l'écart de revenu et la pauvreté ont décliné sur les derniers vingt ans... Ce déclin vient des changements dans le marché du travail... »[2] Quant aux patrimoines, selon ce même rapport du CAE, « la courbe de répartition des patrimoines importants se caractérise par des coefficients de Pareto très stables ».

En fait, un premier écart se creuse en France au sein des riches eux-mêmes, avec les superriches de la mondialisation. Mais en même temps, par rapport aux superpauvres de la mondialisation qui veulent mieux vivre dans les pays émergents, ou tout simplement vivre, les pauvres gérés dans notre pacte social – RMI et système d'assistance – sont menacés d'une vie d'exclusion. C'est là le deuxième écart : celui du devenir. Notre France s'étire économiquement et plus encore socialement, avec une part bien plus réduite mais bien plus riche et une autre aussi pauvre, mais surtout qui risque de le rester. Au centre, les classes moyennes craignent pour leur devenir, puisque le terrain concurrentiel s'est agrandi. Leur futur économique et social devient plus incertain, et plus encore celui de leurs enfants. Mais, encore une fois, la France ne devient pas dans son ensemble plus inégalitaire et elle l'est moins que ses voisins : or ce n'est pas du tout l'idée que nous en avons. La France se vit plus inégalitaire qu'elle n'est et s'inquiète surtout de son devenir. Les deux sont liés.

Notre réponse à cet élargissement économique et social très spécial, donc à notre perte de repères, est en fait le voyeurisme. Il nous faut désormais tout voir et savoir des cent Français les plus riches du pays, visiter leurs appartements et villas, garages et yachts, tâter

---

1. Tony Atkinson, Michel Glaude, Lucile Olier, Thomas Piketty, *Inégalités économiques,* rapport au Conseil d'analyse économique, n° 33, 2001.
2. *Growing Unequal ? Income Distribution and Poverty in* OECD *Countries,* OECD, 2008.

leur garde-robe, renifler leur bain moussant, et comparer le tout aux ressources d'un Smicard ou d'un Rmiste. Ce n'est pas la révolution qui avance avec ces pages sur les « *rich and famous* », mais plutôt le front du refus. Paradoxe apparent, il vient surtout des terres les plus à l'abri du changement et du risque. C'est la baisse du PC et la montée du NPA (Nouveau Parti anticapitaliste).

La crise du PC français est peut-être la marque d'une impasse politique, elle est en tout cas la conséquence d'une dérive économique et sociologique. Le prolétariat n'est plus identifiable à la transformation des *choses*. Nous vivons dans un monde de services et de *signes,* dans une *société salariale*[1] où se retrouvent aussi les cadres, les managers et l'immense majorité des patrons. On peut toujours vouloir opposer prolétaires à capitalistes, donc salaire à profit, mais comment faire quand de plus en plus de salariés ont à la fois patrimoines immobilier et financier, SICAV et PEA ? Comment fait-on quand on passe du monde binaire salariat-capital au monde complexe des *stakeholders* (parties prenantes) ? Comment intégrer ces acteurs qui s'expriment de plus en plus : salariés, pouvoirs publics, clients, écologistes, sans-papiers... sans oublier non plus les différentes sensibilités de la population mondiale que nous intégrons ?

Voilà pourquoi une figure extrémiste se développe, un nihilisme de plus en plus actif dans les temps qui viennent. D'origine trotskyste, il va s'en éloigner dans un souci d'extension (et d'efficacité). Quand Olivier Besancenot intervient à la télévision avec Michel Drucker comme gendre idéal, un peu extrême certes mais « avec un bon *fond* », une évolution profonde s'annonce. L'extrême gauche en France a toujours été hors du champ économique, elle va y entrer. Sa logique était : « S'il faut refaire le monde, ce n'est pas la peine de le réparer. » Les révolutionnaires ne voulaient pas de réformes. C'était assez bon pour les réformistes. Maintenant, ils vont s'opposer plus fortement aux changements. D'où le déclin de figures altermondialistes, d'Attac, d'écologistes et autres arracheurs de

---

1. Michel Aglietta, Anton Brender, *Les métamorphoses de la société salariale*, Paris, Calmann-Lévy, 1984.

maïs, pour passer à des actions plus construites et plus massives...
Peut-être plus dures. Le tout pour ne pas bouger, bien sûr. Nous
allons vivre la forte montée des mouvements de l'immobile.

C'EST UNE NOUVELLE RÉVOLUTION QU'IL NOUS FAUT

Le NPA, titre provisoire du Nouveau Parti anticapitaliste, est le
Nulle part ailleurs de nos rêves. Mais ce n'est pas seulement une
utopie : elle est très remplie. Elle n'aura pas la base économique et
sociale claire des exploités du XIXᵉ siècle, les prolétaires. Elle regrou-
pera plutôt des salariés des secteurs publics et privés qu'on pourra
trouver inquiets, aigris, refusant les changements. Et cela fera du
monde.

Ce monde n'aura pas non plus la base philosophique des mar-
xistes anciens, la lutte des classes et son « déterminisme historique », la révolution, mais plutôt un syncrétisme associant Rousseau, Proudhon et Lassalle. Avec Rousseau, voilà l'hymne à la
nature et le principe de précaution. Avec Proudhon, voilà les *contradictions économiques* (1846) permanentes (la propriété, c'est la
liberté – mais aussi l'inégalité –, le machinisme, c'est le progrès –
mais aussi la destruction de l'artisan et la soumission du salarié),
donc les solutions qui n'en sont pas : « L'anarchie, c'est l'ordre sans
le pouvoir. » Et Lassalle, c'est le fameux *Éloge de la paresse* (1880)
et le (seul) gendre français de Marx. N'oublions pas non plus que le
Bourdieu des *Héritiers* (le livre culte sur la reproduction sans fin des
hiérarchies sociales, publié en 1964 avec Jean-Claude Passeron) a
fini sa carrière en répétant que le secteur public français et le *Wel-
fare State* (État-providence) étaient les meilleurs remparts contre la
mondialisation. Les héritiers des fonctionnaires, en quelque sorte.
Reste la révolution sexuelle, peu utilisée comme on a pu le voir dans
l'anniversaire de 1968. Quarante années ont peut-être émoussé la
libido des leaders d'alors. Reste quand même un bel ensemble de
thèmes !

Le mélange NPA est risqué, non parce qu'il échappe à notre cartésianisme, mais parce qu'il est sans lien avec la situation de ceux qui le défendent. Ces fonctionnaires ou assimilés, cadres ou salariés modestes, ne risquent pas grand-chose. Ils veulent éventuellement gagner plus, mais en travaillant sûrement moins. Pour cela, ils n'ont pas le sens de la responsabilité des syndicalistes classiques, car ils n'en ont pas les responsabilités. Ils ne savent pas nécessairement qu'il faut « savoir arrêter une grève », moins encore comment ne pas la commencer. Ce qu'ils veulent, c'est revoir le partage salaire-profit de la façon la plus dangereuse pour l'entreprise : en abaissant le temps d'activité. Dans la concurrence internationale, où le dialogue économique et social est décisif pour mener les changements qui soutiendront la croissance et l'emploi, ils ne seront donc pas les partenaires idéaux (*Nota* : tournure française). Loin s'en faut.

LA RÉVOLUTION PARADOXALE

La forme dominante de l'opposition au changement reste néanmoins la *réforme paradoxale*. Vous nous dites – patrons, gouvernants et autres experts – que la France a un problème de compétitivité. Mais c'est faux ! Elle souffre au contraire d'une insuffisance de demande. C'est en soutenant la demande interne qu'on fera repartir la machine. C'est la consommation qui animera l'offre ! Vive la relance par la consommation !

L'histoire et la théorie sont alors mobilisées pour défendre cette thèse, que nous sommes assez seuls au monde à soutenir. L'histoire, c'est 1968 avec ces fameux « événements »[1]. On vous dit que la forte hausse des salaires minimaux d'alors (plus de 30 %) a permis une forte reprise d'une activité particulièrement morose en début d'année. Mais c'est oublier les faits, à savoir que cette « relance de

1. Jean-Paul Betbèze, *Analyse économique des événements de Mai 68 en France*, thèse d'État, 1979.

la demande » a été surtout celle des importations vers la France, le creusement du déficit extérieur français et le début d'une série de dévaluations du franc (sans oublier l'exode des capitaux). Et quand le Programme commun de gouvernement est accepté en 1971 par le PS, le PC et le MRG, quand les 110 propositions du candidat Mitterrand sont avancées, c'est toujours l'idée du choc de demande qui prévaut. Outre les nationalisations, il s'agit toujours de soutenir le revenu disponible par la baisse de la fiscalité sur les revenus les plus modestes et d'embaucher (150 000 emplois dans les services publics et sociaux, 60 000 emplois d'utilité collective). Quand vient la discussion sur la réduction du temps de travail et sur la retraite (à taux plein à partir de 60 ans pour les hommes et de 55 ans pour les femmes), elle s'inscrit toujours dans un programme de soutien à l'activité et à l'emploi. On sait ce qu'il en advint assez vite, avec le fameux « tournant de la rigueur » de 1983-1984. Mais encore aujourd'hui, quand toutes les nationalisations d'alors ont été défaites (et à quel prix !, le plus souvent), quand les débats se poursuivent sur les nouvelles conditions de travail (la question des 35 heures étant la plus résistante de toutes), le thème de la relance reste vivace.

Or la théorie économique n'a jamais proposé une hausse *ex ante* de la demande. Hausser les salaires directement ou indirectement, par exemple en réduisant les horaires, est toujours une hausse des coûts qui réduit la compétitivité des entreprises à la fois à l'exportation et sur le marché intérieur. Immédiatement elle implique une baisse des profits, l'idée de « profits futurs plus élevés venant d'une demande plus forte » étant un leurre micro- et macro-économique. Le cher Keynes n'a jamais théorisé cette hausse. Il a seulement indiqué que, si une crise grave survient dans une économie fermée et en régime de changes fixes, des déficits budgétaires et un relâchement inflationniste peuvent soutenir l'emploi. N'oublions pas non plus que les États démocratiques d'alors voulaient absolument éviter des tensions sociales et politiques. Keynes regardait (surtout ?) ce qui se passait en Russie et en Allemagne. Mais il savait aussi qu'il s'agissait, avec ses propositions, d'un premier effet. Il serait payé ensuite par une dévaluation, donc par un renchérissement des importations et par un appauvrissement des salariés (si les salaires ne suivaient pas) et des rentiers (la fameuse « euthanasie »). C'était pour lui, au fond, le prix à payer pour soutenir la démocratie et l'économie de marché.

PAS D'ESPOIRS SANS ... PROFITS

Tout le monde sait qu'il faut produire avant de consommer, c'est physique, et surtout que c'est l'idée de ce qui pourra être consommé (la demande solvable) et de manière rentable qui anime les entrepreneurs. C'est assez normal. Donc parlons demande solvable et rentable. Ensuite ces entrepreneurs mesureront ce qu'ils ont fait, par rapport à leurs clients et à leurs concurrents. S'ils jugent qu'ils ont « tiré trop court » en ne produisant pas assez, nous voilà dans une spirale haussière de l'activité. Tant mieux. Et symétriquement. Tant pis.

Nous ne vivons donc pas dans une « société de consommation », ou encore de demande, si l'on entend par là que c'est la demande qui détermine la production. Nous vivons dans une société de production de biens et services de consommation. Mais cette consommation doit être rentable. L'expression « société de consommation » confond la masse de ce qui est produit, la consommation, avec ce qui met en branle l'acte de produire des biens de consommation, le profit. Cet oubli (cette erreur, ou cette pudeur) est d'autant plus étrange que l'expression « société de consommation » se retrouve dans la littérature de gauche comme de droite. Elle est plus une notion sociologique qu'économique. Tant qu'à y être, autant que le mot soit exact : il s'agit de profit. Donc si on veut changer, c'est avec lui que ça se passe.

Au fond nous savons tout cela, mais cette erreur nous arrange. Nous ne voulons pas du socialisme sous aucune de ces formes historiques, mais nous n'aimons pas vraiment le capitalisme. Nous ne sommes pas pour autant socialistes au sens strict, encore moins

21

révolutionnaires. Mais si nous n'aimons pas le capitalisme, c'est sans le haïr, pour la bonne raison qu'il n'y a rien d'autre. Nous avons une sorte de mal-être avec l'économie de marché, et peut-être même avec l'histoire : elle serait bien, si elle était différente. Pour autant, nous ne cherchons pas à ce qu'elle le soit !

Cessons donc de nous mentir.

Chapitre 2

La France, pays modèle ?

Commençons par un petit exercice de calcul, car la comptabilité nous joue un tour. Entre 2004 et 2007, les croissances des richesses produites (PIB, Produit intérieur brut) en France et en Allemagne ont été les mêmes, soit 2 % par an. Surpris ! Sans aucun doute. Et pourtant c'est vrai mais cette égalité ne suffit pas, car elle ne dit rien de la façon dont les chiffres sont obtenus, du *modèle* mis en œuvre.

VÉRITÉ MATHÉMATIQUE, ERREUR ÉCONOMIQUE

Or, en France, les 2 % de croissance annuelle que nous obtenons du côté de l'offre (le PIB) s'expliquent par une progression de la demande interne de 2,7 % (consommation + 1,4 % sur la période et investissement + 0,6 %), tandis que la demande extérieure nette (exportations – importations) baisse sur la période de 0,7 %. 2 % = 2,7 % de demande interne – 0,7 % de commerce extérieur. Le compte est bon, « arithmétiquement parlant ».

Mais il ne l'est pas économiquement, car, côté Allemagne, ce même résultat s'obtient avec une demande interne qui croît bien plus lentement à 0,9 % (consommation + 0,2 % sur la période, et investissement + 0,6 %) et un commerce extérieur qui surperforme

(+ 1,1 %). Nous avons accru notre richesse de plus de 2 % par an comme nos voisins, mais nous avons perdu en parts de marché dans le monde, en compétitivité et, *in fine,* en emplois. La croissance du PIB ne dit pas tout, encore faut-il savoir comment elle s'obtient. On le veut ?

L'équation magique franco-allemande

$$2\% = 2,7\% - 0,7\% = 0,9\% + 1,1\%$$
(France) (Allemagne)

Pour que l'Allemagne soit à ce point présente à l'exportation, nous pouvons toujours dire que nos chers voisins ne consomment pas beaucoup, entendez : ne consomment pas assez. Ils sont seulement obsédés par l'exportation. La diète interne qu'ils s'imposent pousse leurs entrepreneurs à voir ailleurs ce qui se passe. Dit en termes très français, les Allemands sont des mercantilistes qui ne pensent qu'à accumuler des réserves. Ils ne jouent pas le jeu de la demande interne européenne. Ils consomment des produits basiques, gardent longtemps leurs vêtements et leurs autos (il est vrai qu'elles sont solides). Tout cela n'est pas nécessairement faux, c'est même individuellement explicable en fonction des choix et goûts de chacun, mais globalement dangereux. Si *je* consomme peu pour exporter, ce n'est possible que si *vous* consommez beaucoup. Comment empêcher ce jeu perso et contradictoire ?

DEHORS, C'EST DEDANS

En augmentant encore notre demande interne, qui est déjà au-delà de nos possibilités ? Ou plutôt en retravaillant notre compétitivité, de façon à produire plus et mieux, plus diversifié, pour l'interne et pour l'externe ? On s'étonne toujours de cette simple vérité : alors que les Français ont en permanence l'idée que leur demande est insuffisante, elle est déjà trop forte... par rapport aux autres et à leur compétitivité. Elle confond les désirs des Français et la réalité de ce qu'ils peuvent obtenir. Elle s'imagine aussi que « l'extérieur » est différent de « l'intérieur ». Quand nous pensons en termes de compétitivité, ce qui, avouons-le, n'est pas très fréquent, nous opposons toujours compétitivité extérieure à compétitivité intérieure. Or c'est la même : on ne peut pas être « bon » à l'export si on n'est pas « bon » à l'intérieur, c'est-à-dire « bon » tout court. Pourquoi donc voulez-vous que l'étranger achète nos produits, alors que la concurrence est rude partout, s'ils ne sont pas partout compétitifs en termes de prix, de qualité, de disponibilité ? Et pourquoi donc pensez-vous que nous, Français, nous allons donner la priorité à « nos » produits s'ils sont plus chers, moins bien présentés ou de moins bonne qualité ? Parce qu'ils ont nos couleurs dans un coin du paquet ou portent écrits *made* ici ? Faux, et plus encore : dangereux. Cessons d'opposer le dedans au dehors. D'ailleurs, on a vu que la progression des investissements est la même dans les deux pays : ce n'est pas là la différence. Il faut être « bon » dehors et dedans, c'est le même problème et le même objectif.

LE QUATRE-QUARTS DU MONDE

Facile à dire, pas facile à faire. Pour avancer, regardons la masse de richesses produites chaque année dans le monde (55 000 milliards de dollars) et sa répartition. En gros, un quart vient des États-Unis, un autre quart d'Europe, un huitième des BRIC (Brésil, Russie, Inde et Chine), un seizième des « Nouveaux Treize » (Mexique, Indonésie, Argentine, Iran, Turquie, Thaïlande, Afrique du Sud, Philippines, Ukraine, Égypte, Malaisie,

Vietnam, Nigeria)[1] et le reste, soit un gros quart, représente tous les autres. Et ce monde qui se divise en trois gros morceaux a, de plus, trois vitesses bien différentes : 3 % par an aux États-Unis en moyenne, 2 % ici et 6 % chez les BRIC. 3, 2, 6 : voilà le trio de la croissance mondiale, un trio qui peut « faire » du 2,5 %, 2 % et 5 %. Et qui « fait » évidemment bien moins aujourd'hui. Certes les « Nouveaux Treize » peuvent connaître plus de croissance, mais ils ne pèsent pas encore beaucoup, et surtout leur croissance est plus volatile que celles de leurs (plus gros) devanciers.

Devant ce panorama, en ayant accepté l'idée que notre problème n'est pas tant de stimuler une demande interne qui est au-delà de nos capacités compétitives et en admettant que le dehors et le dedans sont deux territoires économiques semblables, on comprend qu'il faut aller voir ailleurs... pour être meilleur ici. Il faut donc que les Français bougent, exportent, se frottent au vaste

1. Les « Nouveaux Treize » :

	PIB *nominal en 2007* *(milliards* USd*)*	*Population en 2005* *(millions d'hab.)*
Mexique	886,4	104,3
Indonésie	410,3	226,1
Argentine	248,3	38,7
Iran	278,1	69,4
Turquie	482,0	73,0
Thaïlande	225,8	63,0
Afrique du Sud	274,5	47,9
Philippines	141,1	84,6
Ukraine	131,2	46,9
Égypte	127,9	72,8
Malaisie	165,0	25,7
Vietnam	69,2	85,0
Nigeria	126,7	141,4
Total	3 567	1 079
En % du monde	6,7	16,8

Source : FMI, Banque mondiale. *Éclairages*, Crédit Agricole, mars 2008.

26

Le monde, c'est 20 fois la France

	PIB en valeur		En parité de pouvoir d'achat	
	Milliards de dollars	% du monde	PPA	% du monde
Monde	54 335	100	61 755	100
États-Unis	13 874	25,5	13 102	21,2
Japon	4 434	8,2	4 049	6,6
Allemagne	3 317	6,1	2 651	4,3
Royaume-Uni	2 774	5,1	2 016	3,3
France	2 590	4,8	1 953	3,2
Italie	2 103	3,9	1 688	2,7
Espagne	1 437	2,6	1 276	2,1
Union économique et monétaire	12 175	22,4	9 816	15,9
Union européenne	16 720	30,8	13 878	22,5
BRIC	6 988	12,9	13 166	21,3
« Nouveaux Treize »	3 854	7,1	6 780	11,0

Source : FMI, données 2007.

monde. À la fois, cela nous fera le plus grand bien et nous mettra en rapport avec des marchés en plus forte expansion. Rêvons à ce qui se passera quand les Chinois goûteront nos vins ! Préparons-nous à exporter et implanter nos produits, productions et art de vivre.

VOLEM VIURE AL MONDE (NOUS VOULONS VIVRE AU MONDE)

Il ne faut pas opposer non plus « production en France » à « délocalisation ». Les latinistes observent que ce mot n'a pas de sens, puisque toute activité a bien un lieu. Les économistes parlent, quant à eux de relocalisations ou encore de réaffectations des chaînes de valeur. Les comparaisons entre France et Allemagne[1] font apparaître que les entreprises allemandes organisent des relocalisations partielles dans leur *hinterland* (les pays de l'Est), tandis que les françaises ont plutôt une logique binaire : localisation française ou étrangère. Les mêmes experts ajoutent que les autorités allemandes, notamment locales, avec toutes les forces en présence, au-delà des sensibilités politiques, se regroupent pour organiser l'essentiel de la valeur ajoutée sur le territoire et structurer au mieux les présences de production ou de vente à l'extérieur. Ce n'est pas un *volem viure al païs* (« je veux vivre au pays », avec son opposition *Volem « rien foutre » al païs* de Pierre Carles, Christophe Coelleo et Stéphane Goxe[2]). C'est comprendre que, pour mieux *viure al païs,* il faut mieux savoir vivre *au* monde, arrêter de rêver ou de s'illusionner, et y travailler ensemble.

1. Lionel Fontagné, Guillaume Gautier, *Performances à l'exportation de la France et de l'Allemagne,* rapport au Conseil d'analyse économique, 2008.

2. Pierre Carles : « Dans *Volem « rien foutre » al païs,* on entrevoit des gens qui se désolidarisent du capitalisme de manière collective ou semi-collective. À côté des salariés qui manifestent dans la rue leur ras-le-bol de la loi de la jungle libérale, par exemple en faisant brûler les locaux du patronat, il y a ceux qui se battent, de manière plus discrète, en inventant ou réinventant des modes de vie alternatifs. Ceux-là sont des hérétiques, au sens où ils refusent de célébrer le culte de la consommation. Même si aucun de ces groupes n'a trouvé de solution généralisable à l'ensemble de la société, ils inventent, à leur échelle, d'autres manières de vivre que celle imposée par le salariat, la plupart du temps à la campagne où il est plus facile de vivre de manière autonome avec peu d'argent. »

Stéphane Goxe : « La dénonciation théorique de la soumission au travail a déjà été énoncée depuis longtemps et de manière très claire. Dans le débat public comme au cinéma, cette critique, présente dans les années 1960 et 1970, a quasiment disparu avec l'arrivée du chômage de masse. Le questionnement proposé aujourd'hui par le cinéma dit "social" se borne souvent à constater la pénibilité des conditions de travail ou le caractère impitoyable du monde de l'entreprise. Bref, il se penche avec compassion sur la souffrance au travail, mais interroge plus rarement une vie quotidienne enserrée dans le carcan du "travaille, consomme et meurs". C'est cette critique radicale que nous avons essayé de mener à travers ces deux films. » Site http://atheles.org/cpproductions/dvd/volemrienfoutrealpais/index.html. Au moins, c'est clair !

Le match France-Allemagne de l'exportation[1]

1 / France-Allemagne : deux pays de plus en plus voisins, avec la même monnaie et où les écarts de politiques économiques et de stratégie d'entreprise font seuls la différence.

2 / L'Allemagne obtient de meilleures performances à l'exportation que la France depuis 2000. La France a abandonné le tiers de sa part de marché de 1995, soit deux fois plus que le reste de l'OCDE et six fois plus que l'Allemagne.

3 / La probabilité qu'un exportateur français rencontre un exportateur allemand vendant le même produit sur le même marché est désormais de 80 %.

4 / Les concurrents allemands ont réduit leurs coûts salariaux internes et externes *(outsourcing)*. Il est impossible que l'écart de prix français (8 %) se justifie longtemps par le positionnement en gamme.

5 / Les champions français de l'export sont en recul, sans vrai remplacement par les exportateurs PME. Sur 100 exportateurs de biens apparus en 2003, il en reste 37 au bout d'un an et 20 au bout de trois. Cette mortalité des exportateurs s'est aggravée depuis 2000. Elle est pire encore dans les services.

6 / L'export révèle la performance des firmes. Donc, pour plus de firmes exportatrices, il faut plus d'entreprises performantes en général (politique dite horizontale) et revoir nos logiques de relocalisation.

1. Voir n. 1, p. 28.

MA NON VOGLIO PIU SERVIRE (MAIS JE NE VEUX PLUS SERVIR)

Ce sont les premiers mots de Leporello, le valet de Don Juan : « Je veux faire le gentilhomme et ne plus servir. » Ah, servir ! Et les latinistes reviennent vous expliquer qu'à l'origine de « servir » il y a « serf », et puisque nous y sommes que « travail » vient de *tripalium,* instrument de torture formé de trois pieux... Quel programme ! Passons vite à *Arbeit, work* ou *rabot* ! Sauf que changer le mot ne change pas la chose. L'essentiel de nos économies développées est fait de services, aux personnes bien sûr, et de plus en plus aux entreprises. Ces services ne sont pas des externalisations, sous-traitances ou co-traitances, donc ni des *ex*(pulsions) ou des *sous*(quelque chose), mais de vrais développements. Les entreprises ne peuvent pas tout bien faire. Elles doivent se spécialiser dans leur cœur de métier pour se renforcer et produire de façon plus rentable sur leur marché, entendu au sens large. Il leur faut donc à leurs côtés de bons juristes, fiscalistes, *designers* ou *webmasters*... toujours meilleurs, sur plus de registres. L'entreprise se renforce par ces activités qui créent son réseau de spécialistes pointus, le façonnent, l'étendent et font la différence. Le réseau du plus fort, c'est le réseau des meilleurs ; celui du plus fin, c'est la base de la meilleure entreprise.

Alors, servir est essentiel. Servir parce que, de plus en plus, la production devient immatérielle. Servir parce que la production matérielle est pilotée par la demande immatérielle. Le *hard,* toutes ces choses qui nous sont nécessaires pour aller et venir, boire et manger, vivre et nous développer, vient du *soft.* Il procède de l'immense réservoir de nos souhaits, qu'il s'agit de mieux connaître, structurer, mettre en forme, et rentabiliser. Le « mou » des services pilote le « dur » de l'industrie. Il l'entraîne (à tous les sens du mot) aux changements nécessaires. Pour être à la fois bien servi et mieux servir, donc se développer, il faut maîtriser les services.

GÉOLOGIE DE LA STATISTIQUE

Primaire, secondaire, tertiaire, quaternaire[1] : nous ne savons plus si nous sommes en économie ou en géologie ! De fait, nos modes de calcul et nos secteurs se sont étendus et compliqués : pri-

---

1. Pierre Cahuc, Michèle Debonneuil, *Productivité et emploi dans le tertiaire*, Paris, La Documentation française, rapport au Conseil d'analyse économique, n° 49, 2004.

maire de la terre et de l'agriculture, secondaire de l'industrie, comptabilité, hôtellerie et loisirs du tertiaire, quaternaire des services à la personne. Si on comprend assez bien cet empilement, il n'aide pas à saisir ce qui se passe. Ce qui se passe, c'est que l'industrie a besoin de services multiples, que l'agriculture a aussi besoin de comptables, informaticiens, vétérinaires, financiers, météorologistes, sans oublier son matériel ! Quant au vaste domaine des services, une part importante de sa demande vient de lui-même : les services ont besoin de services pour rendre des services, à tous. En fait, notre économie n'entasse pas des spécialités, elle les combine. Et toute son efficacité vient et viendra de la façon, plus ou moins efficace, de les réunir et plus encore de les animer, de les mettre en mouvement et les faire réagir, vite et bien.

Plus tôt on comprend que l'univers de la production a des spécificités – puisqu'il lui faut répondre à des besoins donnés –, mais qu'il obéit surtout à une loi générale, la rentabilité, mieux on comprend les mouvements et les tensions entre activités ou entre amont et aval. Plus tôt on comprend qu'il vaut mieux s'occuper de politiques générales de compétitivité que de politiques données, plus et mieux on avance. Et vite.

L'INVISIBLE EST PARTOUT : LE CAPITAL DE LA MARQUE

Dans la série de nos retards d'analyse et de réaction, la parole est à l'invisible ! Selon Ernst & Young, le poids de l'immatériel explique les trois quarts de la valeur ajoutée des entreprises européennes de la distribution, de la consommation, des médias, de la pharmacie, et jusqu'à 85 % pour le luxe. La croissance de demain[1] dépend de la capacité que nous aurons à mobiliser, faire fructifier et donc à regarder ce qui est devant nous, transparent. Voici venu le

---

1. Maurice Lévy, Jean-Pierre Jouyet, *L'économie de l'immatériel : la croissance de demain*, Paris, La Documentation française, 2006.

temps des savoirs, nouvelle richesse des nations. Les usines vont bouger en tout ou partie, mais il faut voir ce qui fait bouger la valeur ajoutée : images, talents, idées. C'est aussi important que menacé, et plus encore mobile, car invisible. Capital important d'abord, car plus un pays est riche, plus la part de sa richesse immatérielle est élevée, jusqu'aux trois quarts dans nos pays développés. Capital menacé donc, si nous ne l'entretenons pas, *a fortiori* le méconnaissons. Et plus un pays est vieux, plus il a de ces savoir-faire ancestraux et de ces marques mondiales. Louis Vuitton, malletier né en 1854, est une marque évaluée à 20 milliards de dollars, au premier rang des plus chères du monde[1]. Et Coca-Cola, avec ses cent ans, est la première de toutes. Et que dire de Versailles, du Louvre ou de la Sorbonne ? Capital mobile enfin, car la marque peut changer de lieu d'ancrage, puisqu'elle est marque. Qu'est-ce donc qui fait la qualité d'un sac : celle de sa main-d'œuvre, de son design et de son *made in* ? Autrement dit, l'image du pays ? Le déplacement des usines Burberry d'Écosse vers l'Asie montre que rien n'est acquis.

---

*Les 10 marques européennes
les plus chères de la distribution en 2008*

1 / 10,6 milliards d'euros : H&M, Suède
2 / 6,6 milliards d'euros : Carrefour, France
3 / 6,5 milliards d'euros : Ikea, Suède
4 / 5,6 milliards d'euros : Tesco, Royaume-Uni
5 / 5,1 milliards d'euros : M&S, Royaume-Uni
6 / 4,4 milliards d'euros : Zara, Espagne
7 / 2,6 milliards d'euros : Aldi, Allemagne
8 / 2 milliards d'euros : Boots, Royaume-Uni
9 / 1,9 milliard d'euros : El Corte Inglés, Espagne
10 / 1,8 milliard d'euros : Auchan, France

Source : InterBrand Interbrand.

---

1. Société d'évaluation des marques mondiales de la distribution : interbrand.com.

Qu'on se le dise : la marque est un vrai progrès économique et un capital à entretenir, absolument. Elle résume des informations, les coordonne, les étend et les prolonge dans le temps. Elle est un progrès dans la mesure où elle n'est pas opposée à la concurrence, au contraire. Le match est toujours ouvert si l'on s'endort, se trompe, n'entretient pas son « capital image » et si, bien sûr, l'on ne réagit pas aux concurrents. La marque est une garantie de prestations. Dans un monde plus mobile et complexe, elle tisse des liens économiques et sociaux stables, car profonds.

Si tel pain porte le nom d'un boulanger célèbre, ce n'est pas seulement une annonce sur le pain, mais aussi sur la qualité des produits fabriqués, aujourd'hui et demain, sur la façon dont ils vous sont présentés et sur celle dont vous êtes accueilli. Il en est de même pour les vêtements, les automobiles ou les appareils radio. La marque n'est pas tant là pour se faire remarquer, se démarquer des autres ou pour marquer son territoire, que pour marquer des choix et des engagements dans la durée. Ces engagements ne cessent de s'étendre à tout ce que fait la marque, à ses employés, magasins, publicité, présentations. Car la marque sait qu'elle va attirer les regards, donc les re-marques. Elle est là pour signaler un engagement et une promesse, à respecter en toute circonstance. La marque crée un univers.

Dans notre monde, il faut être conscient de ces nouveaux espaces de la lutte... concurrentielle, de ces nouveaux univers. C'est un terrain où nous avons un capital énorme, parce que nous avons une image mondiale en matière de qualité de vie, goût, gastronomie, tourisme, luxe, art, culture...

Mais, encore une fois, ce capital immatériel, une fois repéré et calculé, n'est pas un don[1]. C'est un capital qui s'use, donc qu'il faut entretenir, en l'augmentant. La marque s'use si l'on ne s'en sert pas assez. C'est souvent la base de l'exportation et du développement des entreprises, mais aussi la raison d'être de la formation des sala-

---

1. Daniel Cohen, Thierry Verdier, *La mondialisation immatérielle*, Paris, La Documentation française, rapport au Conseil d'analyse économique, n° 76, 2008.

riés. Ce n'est pas parce que l'immatériel est invisible qu'il n'existe pas, que la qualité de l'accueil est sans importance, la précision des prestations sans effet. Bien au contraire. N'oublions pas que c'est ce qui ne se voit pas qui se remarque le plus : c'est là que tout se passe et que se fait la différence. Et c'est là que nous sommes parmi les mieux placés au monde. Sourions donc !

L'ÉLÉPHANT, LA SOURIS ET... LA GAZELLE

Nous connaissons tous les entreprises selon qu'elles sont grandes, moyennes ou petites, en les classant par secteurs, effectifs ou résultats. Mais il vaudrait mieux les regarder comme des types d'animaux dans différents écosystèmes. Elles sont alors au nombre de trois.

D'abord il y a les éléphants. Grands, gros et vieux pour la plupart, ils sont respectés, *ratés* (plus exactement, notés par des agences de *rating*) et cotés en bourse. Leur taille fait qu'ils vivent sur plusieurs territoires économiques, même s'ils sont en général inscrits sur une seule place financière. En France, les 40 éléphants du CAC 40 ont 160 pattes, et 50 à 80 seulement en France. De plus en plus, leur activité se passe ailleurs, et la grande part de leur profit en vient. Mais il faut faire en sorte que les plus importantes et les plus stratégiques de leurs pattes restent ici. Ces pattes s'appellent usines de pointe, recherche et développement, finance, marketing, direction générale.

À l'autre extrême du spectre, il y a les souris. Elles sont petites, souvent gentilles, en général fragiles. Ce sont les TPE, Très petites entreprises. Ce sont les artisans et les commerçants qui vivent sur leur territoire. Ils sont seuls parfois, avec quelques salariés le plus souvent, moins de dix toujours. Leur prospérité vient, bien sûr, de celle du territoire, mais ils contribuent en retour à sa vie, à son efficacité et à sa qualité. Un lieu sans café, sans restaurant, sans libraire est mort.

Au milieu se trouvent les PME, plus particulièrement les gazelles, ces petits animaux véloces. La gazelle veut aller vite en besogne.

C'est dans sa tête que tout se passe, pas seulement dans ses pattes. Et comme elle veut aller plus vite que les autres, dans son territoire mais aussi dans le vaste monde de la concurrence des gazelles, elle va prendre plus de risques. Elle va embaucher des cadres plus diplômés que ne le requiert sa taille du moment, donc leur faire des promesses de croissance. Elle va prendre plus de risques de produits surtout, donc de marchés et de clients. Elle aura à expliquer à ses actionnaires ce qu'elle veut faire, et plus encore à ses banquiers et à ses salariés. C'est à elle qu'il faut faire une place à part, en réduisant les freins à sa croissance et à sa vitesse. Entreprendre en France est toujours une course d'obstacles, usante, fragilisante, avec les difficultés procédurières, les règles à respecter, les limites de toute sorte qui réduisent la vitesse des plus rapides, sous prétexte d'éviter les abus de certains. Les éléphants ne s'en rendent plus vraiment compte, ayant passé les plus importants obstacles et disposant d'escouades de juristes et de financiers, sans compter quelques appuis. La souris est trop petite pour attirer autant d'égards de la part de nos fonctionnaires (de plus : souhaitons-le). Mais la gazelle n'a pas des trésors de compétence libre pour expliquer ce qu'elle fait à des vérificateurs de toute nature. Elle ne pense qu'à la concurrence, qu'aux produits, qu'aux clients, qu'au futur. Toute tendue dans son élan, elle peut à tout moment se faire percuter. Voilà pourquoi il faut la protéger... de nous ! C'est elle qui porte la part la plus importante de nos espoirs en termes de croissance et d'emploi.

CESSONS DE PENSER NOIR POUR FAIRE CHIC !

Face à la peur[1] qui toujours nous étreint et à notre goût immodéré de la critique, il faut quand même se dire que tout n'est pas si noir ici, ni autour de nous. Certes il y a la crise financière mondiale

---

1. Jean-Paul Betbèze, *La peur économique des Français*, Paris, Odile Jacob, 2004.

des *subprimes*[1], dont nous parlerons plus loin. Certes il y a des interrogations sur nos voisins européens, sur leur amitié et leur solidarité. Certes il y a d'autres soucis partout, aux États-Unis, en Russie ou en Chine, sans compter les questions religieuses qui prennent ici ou là un tour fanatique. La période où l'URSS n'est plus et où les nouveaux pouvoirs n'étaient pas encore installés est finie. Nous avons beaucoup aimé cet interrègne du pouvoir mondial, très américain de fait et clintonien à son début, ce qui n'était pas si mal. Mais c'en est fini des dividendes de la paix, puisque c'en est fini de la paix facile. Nous les avons dépensés, ces dividendes, sans nous en rendre compte, et même gaspillés. Gaspillés en dépenses publiques, pas en investissements productifs, utilisés en promesses qu'il nous sera difficile de tenir. Il va falloir discuter avec les nouveaux puissants – économiques, financiers (pétrole et fonds souverains aidant), parfois militaires, parfois religieux.

Pour autant, ce n'est pas 1929 que nous vivons. C'est une crise financière très grave qui affecte les États-Unis d'abord et l'Europe ensuite, mais relativement moins les pays émergents, qui marquent une certaine résilience. Cette crise manifeste un profond changement des rapports de force économiques et financiers dans le monde. Il faut le savoir, le comprendre, et en profiter. Car nous le pouvons ! *(Yes we can.)*

Au fond, le monde change autour de nous, très rapidement. La bipolarisation Est-Ouest n'est plus, c'était celle de la guerre froide. De nouveaux venus cherchent leur place, une place qui est pour une part la nôtre. Le monde multipolaire qui se crée présente plus de complexité, mais aussi de possibilités de croissance. En même temps, les révolutions de l'information et de l'image continuent. Elles soutiennent la modernité qui nous entoure, avec ses nouveaux enjeux concurrentiels. Les échanges de signes se multiplient dans cette économie mondiale de l'immatériel. Pour y avancer, nous

1. Patrick Artus, Jean-Paul Betbèze, Christian de Boissieu, Gunther Capelle-Blancard, *La crise des subprimes*, Paris, La Documentation française, rapport au Conseil d'analyse économique, n° 78, 2008.

avons besoin d'idées, d'ingénieurs, mais aussi de salariés affutés, ouverts, rapides. Nous avons besoin, à côté des entreprises souris qui peuplent notre environnement proche et des éléphants de la mondialisation, de penser à ces gazelles qui portent nos chances de croissance, d'emploi, de vie.

Quand on fait ce tour de *notre* France, on comprend que le tour du tour a changé, mais que nous ne sommes pas pour autant démunis, pour tourner, et nous retourner !

CHAPITRE 3

Le bal des faux-culs

L'astuce suprême de la réforme en France, à la différence d'affrontements sociaux annoncés et séquencés dont on connaît les résultats épuisants, avec leurs cortèges de grèves et de banderoles, a été de « faire sans dire ». Diverses méthodes ont été employées, toutes ont atteint leurs limites. Surtout, nous Français, savons qu'on ne peut plus nous dire que notre maladie économique n'est pas sérieuse, que les potions que nous donne l'État sont des sirops pour la toux qui vont suffire, que la logique européenne va d'elle-même résoudre nos problèmes et que des ajustements à la marge suffiront, pour ce qui nous reste à faire. Le tout dans la bonne humeur.

PAS DE DROITS SANS DEVOIRS

Arrêtons d'employer le « mot adouci » (euphémisme) pour la chose. S'il faut donner aux marchés plus de poids, disons-le. Si l'on pense que les deux grands marchés de l'économie française ne marchent pas, celui du marché du travail – pour réduire le chômage – et celui du marché des biens – pour conduire à plus de compétitivité –, disons-le. S'il faut penser que nos régulations sont à revoir, disons-le aussi. Si le passage de marchés qui ne fonctionnent pas bien à des marchés qui fonctionnent mieux est difficile et compliqué, mentionnons-le. Et si tout cela est LA condition de la croissance, n'oublions pas de le dire aussi !

Nous nous doutons que la dualité entre ANPE et UNEDIC n'est pas optimale, et cela depuis des années. Nous subodorons que demander à des fonctionnaires de s'occuper de personnes au chômage pose quelques problèmes, et que le manque d'incitations et de sanctions à accepter un travail pour un demandeur d'emploi est aussi une difficulté. La fameuse trappe à sous-emploi que nous avons créée fonctionne à merveille. Elle est, et fait, notre bonne conscience. « Contre le chômage, nous avons tout essayé », disait le cher Président Mitterrand.

Toujours soucieux de ne pas envenimer les choses en ne les décrivant pas telles qu'elles sont, toujours désireux de ne pas mettre du sel sur les plaies, nous y mettons du miel. Est-ce mieux ? En son temps, pour inciter les chômeurs à accepter une offre d'emploi – autrement dit, pour les pousser vraiment –, Tony Blair avait recouru à des arguments moraux, voire religieux. Il n'était pas moral, disait-il, de ne pas gagner son pain, moins encore de le gagner grâce à la communauté sans faire soi-même d'efforts suffisants pour se sortir d'affaire. Sans utiliser d'arguments religieux qui n'ont pas cours dans notre État laïc, au moins peut-on affirmer qu'il est normal que la société aide ses membres en difficulté, mais qu'il est tout aussi normal qu'ils fassent des efforts pour sortir eux-mêmes de cette situation. Il n'y a pas de *droit à* sans *devoir de*. Autrement, l'économie prend en charge de nouvelles dettes sociales implicites, les *droits à,* en fait des dettes qui ne sont pas gagées par des ressources, les *devoirs de*. Elle réduit sa croissance, augmente ses coûts, accroît ses dettes implicites. Donc plombe notre futur.

Demander aux chômeurs des engagements en matière de recherche d'emploi, mesurer ce que fait telle ou telle institution de placement va dans le (seul) bon sens. Il faut en même temps développer des incitations *à* faire des efforts, préparer des sanctions *si* ces efforts ne sont pas faits et *si* des offres d'emploi raisonnables sont refusées. Combien de temps les Français et les Françaises restent-ils au chômage ? Combien passent-ils d'entretiens d'embauche ? Combien envoient-ils de lettres et passent-ils de coups de fil ? Et quelle est aussi l'efficacité du système de placement ? Avec quels chiffres, quelles données, quels objectifs et quelle transparence ? Tout cela participe d'une nouvelle régulation du marché du travail, plus exactement : nouvelle pour la France. C'est une nouvelle régulation à négocier, à expliquer puis à appliquer. Nouvelle pour nous.

Une société qui fonctionne bien doit permettre à tous de se reprendre après un choc personnel (divorce, disparition du conjoint...) ou de se remettre en selle après un choc économique (fermeture d'entreprise, plan social ou licenciement...). C'est la base de notre pacte social. Mais une société qui fonctionne bien, économiquement, socialement et éthiquement, n'est pas non plus celle qui « s'arrange » pour verser des aides à celui qui est en difficulté au risque de l'enferrer dans ses problèmes, avec le sentiment du « devoir accompli ». De quel devoir s'agit-il donc ? Quelle est cette bonne conscience ? Et avec cet argent donné à l'un qui ne fait pas les efforts suffisants pour sortir de sa situation, ne crée-t-on pas un problème à cet autre, qui lui se démène et cherche des travaux dans d'autres villes ou régions, dans d'autres secteurs, en acceptant éventuellement une baisse de salaire, ou encore qui se met à son compte ? L'efficacité du système d'incitations-sanctions rejoint son équité. L'aide est nécessaire et doit être juste : ni trop peu, ni trop. Aide-toi, le ciel t'aidera : on connaît la formule. Elle marque que l'essentiel du soutien vient de la foi qu'on a en soi, celle-ci étant la même que celle qu'on a envers les autres. Mais nous n'aimons pas beaucoup ce genre d'histoires où interviennent ensemble la responsabilité de chacun et la solidarité de tous, de chaque Français et de tous les Français.

EMPLOI : PARLONS VRAI

Ce n'est pas en interdisant le licenciement qu'on le réduit. Les entrepreneurs embaucheraient alors au plus juste. Ils iraient se développer ailleurs ou importeraient autant que possible.

Ce n'est pas non plus en laissant le chômage s'installer, avec des institutions de placement insuffisamment sous pression, et des licenciés qu'on laisse humainement s'abîmer. N'oublions pas qu'ils sont fragilisés par ce qui leur arrive et que leur employabilité est en jeu. Leur employabilité, c'est ce mélange à renforcer, car crucial, de bonne santé et de « gnaque » (*nhac* en occitan). Il fait que celui qui est au chômage comprend que personne ne le laisse tomber. Il fait aussi que celui qui embauche aura le sentiment que le nouvel embauché pourra s'insérer dans l'équipe et y rebondir. Les deux.

Donc ce n'est pas non plus en facilitant exagérément le licenciement qu'on aide l'équilibre du marché du travail. La flexibilité a ses limites. Autrement, tous les chocs de l'économie, qu'ils viennent de la concurrence ou des innovations, ne seraient pas atténués par les firmes, le temps pour elles de réfléchir aux moyens de répliquer. Ils seraient immédiatement transmis, en réalité amplifiés, au corps social et à l'économie. Il faut de la souplesse, et plus encore aujourd'hui, pour s'adapter. Mais sans aller jusqu'à créer une sorte de liquidité de la main-d'œuvre. Le fameux *hire and fire* des Anglo-Saxons (embaucher et vider) n'est pas la solution, en tout cas pas la nôtre. Et cela ne vient pas du fait qu'il s'agit d'êtres humains : inutile de sortir du débat économique par de bons sentiments. Il faut économiquement éviter les excès de la flexibilité sur le marché du travail parce qu'ils ne laissent pas le temps, au sein des entreprises, de bien analyser et comprendre ce qui se passe, donc de bien former et de bien riposter. Parce qu'ils créent, en chacun de nous, un sentiment d'inquiétude et de précarité. Autrement dit, la flexibilité extrême est inefficace car réflexe. Il faut une certaine viscosité en matière d'emploi, de « sable dans les rouages », pour reprendre Tobin, ou « laisser du temps au temps ». L'humanisme vrai rejoint l'efficacité économique, chacun empruntant ses propres chemins.

Le bon dosage de la flexibilité est l'art et la manière de mieux faire fonctionner le marché le plus délicat qui soit, celui du travail, car le plus profondément humain. Il faut donc en France une maison unique de l'emploi avec plus de moyens, des incitations (avec des vérifications) pour ceux qui se chargent de trouver des emplois (les référents uniques) et dire aussi que la société ne peut financer des refus, alors qu'il y a des offres d'emploi voisines et que l'argent public est rare. C'est un ensemble de mesures et moyens pour des personnes fragilisées, dans un univers particulièrement sensible et complexe, qu'il faut mettre en mouvement. On ne change pas sans dire la vérité et sans préparer les oreilles à ces discours. La morale ne se retrouve pas dans le mensonge, bien sûr, mais pas non plus dans les demi-mots. Les « meilleures intentions du monde » sont un prétexte à ne pas affronter les problèmes. Les syndicats sont d'accord avec tout cela. Ils le manifestent hors les micros et les caméras. Il serait bon qu'on le sache et que ces vérités ne soient pas le seul domaine des patrons, des vilains réalistes ou des économistes.

LE POUVOIR D'ACHAT PASSE PAR LA CONCURRENCE RÉGULÉE

Les Français se plaignent de leur pouvoir d'achat. Il est en très faible hausse par tête et plus encore par ménage depuis quelques années. Il est en baisse au cours de 2008, avec flambée du prix du pétrole. Cette baisse est plus nette si on regarde certains cas, ceux des jeunes et des locataires, ceux qui vivent à la campagne ou en zone périurbaine. En cumul, les jeunes locataires en zone périurbaine souffrent beaucoup de ce qui se passe.

L'inflation n'est pas la même pour tous : calculez la vôtre[1]

La campagne présidentielle française, avec le fameux : « Travailler plus pour gagner plus », a relancé la question des salaires, mais aussi du calcul du pouvoir d'achat au moyen de l'indice des prix. En 2002, déjà, le passage à l'euro fait naître des questions, avec un écart croissant entre l'inflation mesurée par l'indice de l'INSEE et celle ressentie par les Français.

L'indice INSEE des prix est depuis de nombreuses années sous le feu de la critique, à la fois parce qu'il est trop vaste, représentant

1. Philippe Moati, Robert Rochefort, *Mesurer le pouvoir d'achat*, Paris, La Documentation française, rapport au Conseil d'analyse économique, n° 73, 2008 ; Alain Quinet, *Mesure du pouvoir d'achat des ménages*, Rapport de la Commission, Paris, La Documentation française, 2008.

« les Français » et donc pas telle ou telle catégorie d'entre eux, telle ou telle situation, mais aussi pour des raisons de méthode.

De fait, selon que l'on est seul, marié, avec une famille plus ou moins nombreuse, les dépenses changent, avec en sus les prix spécifiques des biens et des fonctions qui en dépendent. Selon que l'on est jeune ou vieux, donc que l'on a acquis ou non les biens d'équipement du ménage, que l'on est locataire ou propriétaire, urbain ou citadin, donc que l'on a plus ou moins de frais de transport automobile ou se trouve à proximité de grandes surfaces, que l'on a des revenus faibles ou élevés, donc qu'on achète des produits dont les prix baissent grâce aux progrès technologiques ou qu'on peut « absorber » tel ou tel choc, prix, calculs et ressentis diffèrent. Les écarts calculés par l'INSEE montrent que les ouvriers ont plus d'inflation que la moyenne (de l'ordre de 1 % par an), les employés 0,4 %, les agriculteurs et artisans sont proches de l'indice, tandis que les professions libérales et les cadres sont au-dessous (respectivement – 0,6 % et à – 0,8 % par an). En termes clairs, il y a cumul des écarts négatifs de revenus, de proximité, d'information et de comportement : les pauvres subissent plus d'inflation que les riches.

Plus encore, la part des revenus « pré-engagés » par le ménage ne cesse de monter, donc la part libre ne cesse de baisser. Ces dépenses sont faites dans des contrats difficilement renégociables à court terme : dépenses liées au logement (loyer, eau, gaz, électricité et autres combustibles), télécommunications, frais de cantine, télévision (redevance télévisuelle, abonnements à des chaînes payantes), assurances (hors assurance vie), sans oublier les remboursements d'emprunts.

La part de ce type de dépenses ne cesse de croître, avec le progrès économique et l'évolution des nouveaux besoins, notamment en matière d'assurance et de communication. Elle part de 13 % du revenu disponible brut en 1959 (début du calcul par l'INSEE), passe à 20 % en 1973 puis à 25 % en 1984 pour atteindre 28,4 % en 2007. On comprend, à partir de ce chiffre moyen, que ce poids est particulièrement lourd pour les ménages les plus modestes. Il suscite des inquiétudes et des tensions fortes, et cela d'autant plus que notre vie quotidienne est remplie des photos de nouveaux riches, de nouveaux biens et de nouveaux services.

Avec tous ces virements, la fin du mois commence de plus en plus tôt.

Voilà pourquoi nous savons qu'il faut améliorer les conditions de la concurrence et peser sur les prix de certains produits, de certaines professions, de certains distributeurs. Si les Français veulent plus de pouvoir d'achat à revenu donné, il faut plus de concurrence, notamment dans la distribution (sauf si on veut plus d'importation) et revoir les professions réglementées. Et cette concurrence dans la distribution va se répercuter en amont, avec des centrales d'achat qui font de plus fortes pressions sur leurs producteurs, au risque d'affaiblir les PME.

Il n'y a rien sans rien : si les consommateurs en veulent plus pour leur argent, il faut que les producteurs leur en donnent plus. Et ce sera plus dur s'ils sont petits. Dans l'immense majorité des cas, les uns sont des salariés, les autres aussi. On ne peut vouloir d'un côté que les prix baissent et de l'autre des hausses de salaire, sans accepter les mécanismes de productivité que tout cela enclenche. Avec ses effets sur les restructurations, les concentrations et l'emploi. Tout salarié est (très) socialiste quand il s'agit de sa paye et (très) libéral quand sa consommation est en jeu. C'est toute la dynamique de la concurrence de faire jouer ces deux forces antagoniques, et tout l'art des autorités juridiques et politiques de les régler dans la durée. L'excès de concurrence tue la concurrence, on le dit toujours, comme il tue la société civile, on ne le dit pas. Qu'est-ce qu'on préfère ? Il faut accepter que nous sommes ici, dans le marché des biens *et* dans celui du travail, dans une zone complexe et contradictoire. À réguler.

Cette question si française des délais de paiement

		En-semble	TPE : 0-19 sala-riés	PME : 0-249 sala-riés	Intermé-diaires : 250-499 salariés	Grandes : > 500 sa-lariés
Délais clients exprimés en jours de chiffre d'affaires	1990	64,2	57,2	70,5	79,4	74,8
	2007	56,1	52,3	63,3	66	64,1
Délais fournisseurs expri-més en jours d'achat	1990	74,1	72,3	78	74,8	74,2
	2007	64,5	62,8	67,3	72,8	74,3

Source : Observatoire des délais de paiement, 2008.

45

Nous allons bientôt voir les effets de cette concurrence accrue : une concentration dans la distribution et plus encore en amont, avec à la clef une forte stabilisation des prix (tournure). Sauf si nous en amortissons les effets par des contrats avec les producteurs et si nous organisons la transparence sur la responsabilité sociale de l'entreprise. Il ne peut pas y avoir de miracle : il y a place au contraire pour des essais et des erreurs, des explications et des acceptations, parce qu'il faut trouver les bons réglages, en fonction des activités, des moments, des lieux. Donc il faut que tout cela soit plus clair et exploiter les degrés de liberté de la négociation, autrement ce n'est pas possible. Il faut sortir de ces opacités intéressées sur les marges arrière, les délais de paiement, les conditions générales d'achat (CGA) qui font le maquis de nos relations commerciales, pour avancer dans une négociation plus complète plus efficace et plus équilibrée.

LA BCE EST-ELLE UN ASILE DE FOUS ?

« Stabilisation des prix » ou « stabilité des prix » : le mot est lâché et nous y sommes habitués. Nous pensons même qu'il s'agit d'une traduction de l'allemand. Nous savons tous que la Banque centrale européenne cherche une hausse des prix à la consommation inférieure à 2 %, mais proche de ce chiffre et cela à moyen terme (dix-huit mois). La BCE n'a donc pas un simple objectif d'inflation qui pourrait varier avec l'activité, une sorte de fourchette mobile *(inflation targeting)*. Non : son choix est immuable et même écrit dans le traité de Maastricht ; c'est la stabilité des prix, définie en termes absolus, crédibilité oblige.

Bien sûr, la BCE se donne un espace de manœuvre pour ne pas être prise dans l'engrenage. Elle ne réagit pas mécaniquement aux chocs inflationnistes externes, par exemple à la hausse du prix du pétrole. Elle insiste sur l'horizon qu'elle privilégie : les fameux dix-huit mois. Elle communique son analyse de la période, mais en indiquant toujours qu'elle prend ses décisions de taux sur le moment. Elles sont fonction de ses objectifs permanents mais intègrent nombre d'informations et d'éléments plus frais. En fait, la BCE entend se garder toujours un espace de liberté. Elle n'est jamais *committed,* engagée. Elle ne veut pas se faire piéger ni forcer la main, notamment par les marchés financiers (et les politiques ?).

Cette situation est différente de celle que nous avons connue il y a vingt ou trente ans. Elle est bien différente surtout de la reconstruction d'après guerre, où l'épargnant était régulièrement victime de taux réels (taux courants – inflation) négatifs. Des taux réels négatifs dont bénéficiait l'emprunteur. Comme l'inflation réduisait la valeur de la monnaie dans le temps, il fallait non seulement s'endetter (pour bénéficier de la hausse des prix), mais aussi surveiller de près son pouvoir d'achat et revendiquer (pour ne pas en souffrir) ! La hausse des salaires *suivait* la hausse des prix, c'était la fameuse (et mal nommée) spirale des salaires et des prix. On comprend, à ce petit jeu, qu'un pays moins inflationniste (pour ne pas dire l'Allemagne) devient rapidement plus compétitif que l'autre (nous). Cela conduit le pays inflationniste (nous) à la dévaluation régulière de sa monnaie, au bénéfice du pays dont la monnaie s'apprécie (eux). Cela pour autant, bien sûr, que ce pays puisse « encaisser » cette appréciation, donc innover, poursuivre ses gains de productivité, renforcer ses entreprises et donc leur taille. Et aussi (surtout) que les salariés et syndicats allemands acceptent... Ce qui est le cas, sachant qu'il s'agit de syndicats des grandes entreprises, donc que l'ajustement porte sur les autres, moins « vocaux ».

Bien sûr, on peut toujours expliquer la hantise anti-inflationniste allemande par le souvenir de l'arrivée du Reich après l'hyperinflation allemande de 1921 à 1923. Cela ne suffit quand même pas, même si ce souvenir est un puissant appui de la population à la stabilité des prix. De son côté, l'*illusion nominale* dont parle le cher Keynes, c'est-à-dire l'idée que les gens ne se rendent pas vraiment compte que les prix montent plus vite que leurs salaires, est une fariboie. Dont les ménages français, vous et moi, ne sortent pas intellectuellement grandis. On connaît quand même quelques progrès dans les statistiques et les calculs d'indices, sans oublier la pression des syndicats, ni surtout la surveillance des consommateurs et consommatrices. Sans oublier non plus les journaux, radios et télévisions. Et quand on nous dit que les populations vieillissantes sont plus anti-inflationnistes que les jeunes, ce n'est pas de la sociologie simple, la crainte du futur ou la montée d'un égoïsme ridé, c'est aussi la leçon de l'expérience.

En fait, l'inflation est un jeu où, à court terme, il y a des gagnants et des perdants. Mais pas à moyen terme, puisque la monnaie a baissé et avec elle les prix des actifs nationaux, usines, maisons, terres, et avec elle la compétitivité et l'emploi du pays s'il ne serre pas les coûts, face à la montée des prix importés. Surtout, personne ne sait s'il va continuer à gagner au coup prochain, quand bien même il a la capacité de « faire les prix » *(price maker)*, c'est-à-dire de peser dans le débat. S'il est gros et puissant, bien placé ou innovateur, il gagne sans doute à ce coup-là. Mais au prochain ? La concurrence le rattrape : il trouvera plus malin, plus gros, plus innovateur ou mieux introduit que lui. Étranger, surtout. Et ce jour, il voit qu'il a moins tenu ses coûts, moins innové, moins investi que les autres, moins inflationnistes que lui. Alors la fameuse illusion monétaire se déchire. Et la vérité n'est pas belle à voir.

AIME LA BCE, ELLE SEULE VA T'AIDER !

Qu'on le veuille ou non, qu'on l'aime ou non, la stabilité des prix est une école de rigueur et de précision, même si nous en avons refusé ou oublié les avantages, des années durant. Ces années où nous nous appauvrissions, où nous voyions changer les prix sans réagir, bien au chaud dans notre illusion nominale. Et confusément, quand nous nous rappelons les grands combats anti-inflationnistes, Pinay ou Barre-Monory, nous les associons à la droite, car la gauche est vue du côté du pouvoir d'achat. Illusion nominale ou erreur politique ? Pourquoi donc la stabilité des prix, c'est-à-dire le maintien de la valeur des revenus et des patrimoines plus le renforcement de l'efficacité des entreprises, garant de l'emploi à terme, ne seraient pas une conception plus répandue ? Au moins autant de gauche que de droite ? Pourquoi préférer à gauche la spirale salaire-prix, cette lutte des classes version feuille de paye qui finit mal, à la précision du quotidien, qui marche ? La gauche est aussi, de fait, anti-inflationniste : pourquoi ne pas le dire ?

Quand la BCE cherche la stabilité des prix ou, comme elle dit, à « ancrer nos anticipations de prix autour de 2 % », elle veut changer nos comportements. L'entrepreneur sait alors qu'il aura des difficultés à « faire passer » auprès des consommateurs de fortes hausses de coûts, notamment d'origine salariale. Le salarié sait que, s'il demande trop, la réaction sera le refus, ou une combinaison de productivité interne, de sous-traitance, de production hors des frontières ou d'importation accrue. Donc une réduction de l'emploi domestique. Et le consommateur reste toujours aux aguets, alerté et informé des négociations en cours.

Autrement dit, et quelles que soient les façons dont on l'habille, la politique d'ancrage des prix de la BCE est celle d'ancrage des salaires, de façon qu'ils évoluent en ligne avec la productivité. De proche en proche, cette politique salariale entend stabiliser le partage de la valeur ajoutée, donc les profits, donc la rentabilité moyenne du capital. Mais, bien entendu, la BCE ne le dit jamais aussi directement, sauf quand elle regarde, après une hausse des coûts importés, le cas type étant le pétrole, les effets de second tour *(second round effects)* – en fait, les salaires. Elle dégaine s'ils augmentent et hausse ses taux d'intérêt, comme à la fin du 1er semestre 2008, alors même que le ralentissement économique est là. On voit bien ses hiérarchies : 1 / éradiquer la menace de dérapage des prix ; 2 / soutenir l'activité si, et seulement si, la condition 1 est remplie.

Au fond, quel mal y a-t-il à dire que la BCE s'intéresse aux salaires alors que tout le monde sait qu'elle s'intéresse aux prix et que les prix sont très largement faits de salaires ? Le débat serait plus clair.

Tout le monde comprendrait les règles du jeu que la BCE joue dans le cadre de la monnaie unique. Et tout le monde comprendrait aussi que le vrai partage salaire/profit n'est pas l'opposition prolétaire/capitaliste à laquelle on le réduit, dans une lecture politique qui date un peu (tournure française). Il est celui des usages du revenu national dans le temps – autrement dit, la part des investissements physiques et financiers, innovations, brevets, formations, gage de croissance à moyen terme par rapport aux salaires. Ce faisant, cette BCE crédible et donc mieux comprise, stabilise la façon dont nous voyons notre futur. Elle nous fait mieux entrer dans une dynamique enfin compatible entre demandes salariales et surveillance des prix.

À nous de nous faire mieux entendre d'elle aussi, la crédibilité passant par un meilleur dialogue, avec des engagements mutuels. Par exemple, nous devons passer, de plus en plus, de négociations salariales nationales à des négociations par branche, pour arriver à des négociations par entreprise. Cette logique décentralisée épouse mieux les réalités du terrain. La fixation des salaires réduit alors les risques de spirale comme de second tour, donc les inquiétudes de la BCE, seul animal 100 % européen de notre ménagerie. Aide la BCE, elle t'aidera. Nous sommes très loin de ce dialogue. Nous lui préférons la défiance et la critique. Elle ne peut pas ne pas en tenir compte.

L'EURO, CE N'ÉTAIT PAS POUR FACILITER LE TOURISME

Mais alors « tout le monde » pourrait dire qu'il ne savait pas tout de l'histoire. Qu'on lui a « vendu » la monnaie unique comme moyen de circuler dans plein de pays avec les mêmes billets, donc d'économiser sur les frais de change. Le bel avantage pour ceux qui restent chez eux ou voyagent peu ! La belle histoire pour ceux qui ne rêvent que hausse nominale des revenus !

En réalité, si la monnaie est unique, la comparaison des prix et des coûts devient partout plus facile. Donc la concurrence. Les produits peuvent être fabriqués sur plus vaste échelle, notamment là où ils sont moins chers, à qualité donnée, bien sûr. L'euro est un instrument de vigilance anti-inflationniste au service de la concurrence (aujourd'hui) et de l'emploi (demain). Il renforce les entreprises et la compétitivité. La hausse du revenu réel est ainsi gagée sur des efforts eux-mêmes réels. Nous ne sommes donc pas tant dans le réglage de la quantité de monnaie que dans celui de ses effets concrets. Nous sommes dans celui de la fabrication des anticipations, notamment de salaires et de productivité, puis des comportements, puis des décisions. L'inflation est un phénomène monétaire, nous dit-on, pour reprendre la phrase de Milton Friedman. Certes, mais parce qu'elle est d'abord un phénomène mental. C'est lui qui est décisif et qui crée l'espace monétaire de la désinflation. C'est donc, là, à la crédibilité de faire sentir ses effets.

POURQUOI AVONS-NOUS ABANDONNÉ LE FRANC ?
POUR LUTTER CONTRE LE CANCER DE LA DETTE

Parlons vrai : pour nous contraindre à faire mieux. En fait, toute économie a cinq degrés de liberté si les choses ne vont pas assez bien en matière de croissance et d'emploi, cinq façons de lâcher du lest. La première est celle du déficit budgétaire qui monte, ce qui conduit à la deuxième : la dette publique qui grimpe. Si la situation ne s'améliore pas assez, le taux de change de la monnaie nationale baisse en changes variables, ou bien c'est la dévaluation en changes fixes. Et si tout cela ne suffit pas ? Eh bien alors l'emploi va baisser, puisque la situation est décidément grave, donc les salaires vont s'arrêter de grimper, quatrième degré de liberté. Et si tout cela ne suffit pas encore, ce sera à la valeur des actifs de compléter l'ajustement. Entreprises (cotées ou non), maisons et immeubles, terrains, baux, brevets... vont baisser de prix. Déficit public, dette publique, dévaluation, chômage et dépréciation d'actifs : ne cherchons pas de « solutions » à nos problèmes au-delà de ces cinq. Il n'y en a pas et ces cinq-là sont tout aussi importantes que douloureuses. Pour tous.

Car n'allons pas croire que le déficit budgétaire, ce « premier degré de liberté », est sans effet. C'est un prélèvement sur la richesse future, avec un taux d'intérêt pour rendre compte du temps nécessaire à être remboursé, plus un supplément lié aux risques de l'opération. En clair, le risque de faillite. Actuellement, par exemple (octobre 2008), l'emprunt à dix ans de la République allemande s'établit à 3,8 %, mais à 4,1 % pour la France et à 4,6 % pour l'Italie. L'écart entre le meilleur élève de la classe et nous – le *spread,* en anglais –, soit 0,3 %, représente environ un surcoût de plus d'un milliard d'euros annuels sur le renouvellement de notre dette par rapport à l'Allemagne. Or cet écart était nul au début de 2007. Le malheur est que cette double hausse de la dette totale et du taux d'intérêt est au début sans grand effet. Elle agit comme une drogue. Mais elle est toujours un prélèvement, une façon de préempter une part de la richesse produite, en différé.

Et comme tout le monde sait que la France est entrée dans une spirale de la dette, tout le monde peut s'en inquiéter. Et surtout le devrait. Les uns vont (en tout cas, risquent de) partir et travailler ou investir ailleurs, les autres vont chercher les niches fiscales, d'autres épargner plus car ils se disent que les impôts vont augmenter, aujourd'hui et plus encore demain. Une logique que les économistes appellent « équivalence ricardienne » : les déficits d'aujourd'hui sont les impôts de demain ! Donc ce qui sera fait d'un côté pour stimuler l'activité par la dépense (le fameux multiplicateur keynésien) est contrebattu de l'autre par un excès d'épargne, *alias* une moindre demande.

Au total, il y a une logique vertueuse à la montée de la dette quand elle permet d'accroître l'activité, en lançant plus vite des projets et en stimulant la croissance réelle. Mais pas en entretenant des ajustements qui tardent. Dans ces cas, elle alimente un fardeau croissant qui peut devenir insupportable et menacer l'équilibre social. Un fardeau qu'il est devenu de plus en plus difficile d'augmenter, car le déficit et la dette sont limités par les contraintes du Pacte de stabilité et de croissance (3 % du PIB pour le déficit, 60 % pour la dette).

Va donc alors pour la dévaluation et l'inflation ! Mais que faire si les prix sont surveillés par la BCE et surtout si la monnaie est commune, c'est-à-dire plus seulement la nôtre ? Notre hausse des prix réduit notre compétitivité, notre croissance, nos emplois. Elle pèse en boucle sur le déficit budgétaire et la dette. Va donc alors pour la baisse des valeurs d'actifs et la montée du chômage ! L'inflation non corrigée, la flexibilité insuffisante mènent encore plus vite, dans le contexte européen, à la crise, avec en sus des tensions croissantes avec les voisins. « On » a donc abandonné le franc, car nous avons préféré une surveillance mutuelle à une autosurveillance dans laquelle nous ne croyons pas. Nous avons accepté alors, et quasi officiellement, le surveillant-chef allemand. Ce n'est pas nécessairement grandiose mais explicable, à condition surtout d'en tirer avantage...

L'EUROPE EST SOCIALE *ET* LIBÉRALE

L'Europe s'est faite après la Seconde Guerre mondiale, une guerre qui a suivi la Grande Dépression. Sans penser que le nazisme est le fils de la seule crise des années 1930, il lui doit beaucoup. Il s'agit donc de s'attaquer, bien sûr, aux idéologies fascistes, mais aussi à celles colportées dans différents pays, racistes et xénophobes parfois, protectionnistes souvent. Sans les mettre sur le même plan, bien sûr, il faut surveiller de près ce qui affaiblit la concurrence en Europe, nous raidit, nous pousse à élever nos protections vis-à-vis des non-Européens et bientôt entre Européens. Car c'est toujours la même logique qui est en œuvre. Il peut en naître des entreprises à base nationale trop forte qui veulent se protéger et s'étendre sur des bases nationalistes, suscitant et attisant d'autres sentiments nationalistes. Il peut surtout en naître des entreprises nationales à base trop faible, qui font naître des inquiétudes plus élevées encore, des tensions sociales croissantes, des demandes de subventions et d'aides, en attendant que les accords d'ouverture soient remis en cause.

Voilà pourquoi il faut permettre et surveiller les regroupements, mais en prenant en compte le marché vraiment pertinent : l'Europe. Autrement on réduit la taille potentielle des entreprises européennes. Elles ne pourront lutter contre les groupes américains et désormais indiens ou chinois. Voilà pourquoi, surtout, il faut constamment travailler au renforcement des entreprises petites et moyennes, pour qu'elles puissent exister dans un monde où la taille économique augmente. Et nous avec.

Le modèle Monnet des solidarités concrètes montre la nécessité et la possibilité du passage à l'acte après la guerre, dans les domaines névralgiques du charbon et de l'acier (CECA). Jean Monnet et Robert Schuman n'ont jamais oublié que cela s'inscrit dans un projet économique *et* social. Le traité de Rome est d'essence libérale avec une forte sensibilité sociale, inscrite dans notre histoire.

---

25 mars 1957. Lisons donc le traité de Rome

Dans le préambule, les signataires du traité se déclarent :

« — déterminés à établir les fondements d'une union sans cesse plus étroite entre les peuples européens ;

« — décidés à assurer, par une action commune, le progrès économique et social de leurs peuples en éliminant les barrières qui divisent l'Europe ;

« — avoir pour but essentiel l'amélioration constante des conditions de vie et d'emploi de leurs peuples ;

« — reconnaître que l'élimination des obstacles existants appelle une action concertée en vue de garantir la stabilité dans l'expansion, l'équilibre dans les échanges et la loyauté dans la concurrence ;

« — soucieux de renforcer l'unité de leurs économies et d'en assurer le développement harmonieux en réduisant l'écart entre les différentes régions et le retard des moins favorisées ;

« — désireux de contribuer, grâce à une politique commerciale commune, à la suppression progressive des restrictions aux échanges internationaux ;

> « — vouloir confirmer la solidarité qui lie l'Europe et les pays d'outre-mer, et assurer le développement de leur prospérité, conformément aux principes de la Charte des Nations Unies ;
>
> « — résolus à affermir... la paix et la liberté, et appellent les autres peuples d'Europe qui partagent leur idéal à s'associer à leur effort... »
>
> Et, plus précisément :
>
> « Article 2. — La Communauté a pour mission, par l'établissement d'un marché commun et par le rapprochement progressif des politiques économiques des États membres, de promouvoir un développement harmonieux des activités économiques dans l'ensemble de la Communauté, une expansion continue et équilibrée, une stabilité accrue, un relèvement accéléré du niveau de vie et des relations plus étroites entre les États qu'elle réunit.
>
> « Article 48. — 1 / La libre circulation des travailleurs est assurée à l'intérieur de la Communauté au plus tard à l'expiration de la période de transition. 2 / Elle implique l'abolition de toute discrimination, fondée sur la nationalité, entre les travailleurs des États membres, en ce qui concerne l'emploi, la rémunération et les autres conditions de travail... »

Il ne s'agit donc pas seulement de dire que l'Europe s'est créée pour empêcher une guerre fratricide, ce qui est sa première raison d'être, mais aussi qu'elle entend donner naissance à une économie puissante par rapport aux États-Unis et au bloc soviétique. Ceci permettant cela. L'idée est donc d'éviter, dans le sein européen, des tensions politiques et sociales graves si une croissance suffisante n'est pas au rendez-vous. Il s'agit d'agréger des économies nationales et de les intégrer en les modernisant. C'est le modèle libéral qui est choisi, mais adapté aux réalités du temps et à notre histoire, pour permettre les adaptations nécessaires.

Cette philosophie libérale s'est maintenue depuis la création de l'Europe, même si la vision française met plus l'accent sur les pays (et les nations), l'allemande sur l'aspect fédéral, l'anglo-saxonne sur les marchés. Inutile de s'inquiéter du « plombier polonais » quand il s'agit de voter (oui ou non) au projet de constitution : la liberté des services est dans le texte de 1952 ! Ce qui nous unit est plus important que ce qui nous différencie, c'est heureux, et c'est à renforcer.

LE CLUB EUROPÉEN DES *WEIGHT WATCHERS*

Le traité de Maastricht, de son vrai nom, comporte des règles précises sur les déficits budgétaires et sur les volumes de dette. On les connaît : le déficit ne doit pas, sauf raison exceptionnelle, dépasser 3 % et l'équilibre est la règle sur un cycle, la dette publique ne doit pas dépasser 60 % de la richesse produite (le PIB, avec des aménagements tenant compte de l'histoire de chaque pays). On sait aussi que tout cela est dûment suivi et étudié, car nous sommes entrés dans un club de *Weight Watchers* un peu spécial (tournure française).

Les vrais Weight Watchers

Début 1960, New York : Jean Nidetch réunit des amis chez elle une fois par semaine pour discuter des façons de perdre du poids. Elle crée un mouvement : les *Weight Watchers,* « ceux qui surveillent le poids ». Aujourd'hui, environ 1 million de personnes se retrouvent dans l'une des 46 000 rencontres hebdomadaires. Le groupe est en effet axé sur la motivation des participants et le soutien des pairs. Les rencontres durent environ une heure, avec toujours la pesée des participants, plus échanges d'idées, d'expériences et de trucs.

L'ambiance y est en effet particulière, car certains membres n'ont pas de problème de poids, *alias* de déficit budgétaire et de dette, par exemple l'Espagne. Et il s'agit pour eux de faire pression pour que d'autres, en déficit excessif, maigrissent. Mais d'où leur vient cette bonté d'âme ? Tout simplement parce qu'ils savent qu'à court terme ils en bénéficieront tous, eux les premiers, en payant moins cher leur endettement. Le meilleur membre du club, en général l'Allemagne, a les taux de financement de sa dette les plus faibles. Et si les autres membres du club se comportent bien, l'écart entre eux se resserre. On peut donc dire que ce club a un côté intéressé, puisque les efforts de tous profitent à tous et qu'il permet dépister les resquilleurs. Ce n'est pas un défaut, bien au contraire. C'est même pourquoi on y est entrés : pour en bénéficier tous !

ATTENTION : IL FAUT BIEN LIRE LES RÈGLES DU CLUB !

Les choses se gâtent dans trois cas : le premier est celui où la balance du club n'est pas assez précise pour un moyen ou un petit ; le deuxième, où celui qui maigrit, un gros, bénéficie du fait que les autres (gros) ne maigrissent pas ; le troisième, où l'un (petit) se met à maigrir pour forcer les autres (plus gros) à maigrir, sachant qu'ils ne le pourront pas, en tout cas pas assez vite.

Le premier cas est espagnol. Ce pays entre dans l'euro avec une inflation plus forte que ses voisins, mais avec un poids économique (sa part dans le PIB européen) assez faible, de sorte que cela n'affecte pas la politique monétaire européenne. En d'autres termes, l'excès d'inflation espagnole ne fait pas dérailler la machine européenne. Elle passe peu ou pas aperçue, d'autant qu'on considère cette situation comme transitoire[1]. Mais alors les taux d'intérêt nominaux offerts en Espagne sont à peu près ceux des autres pays, puisque l'écart au sein du peloton est faible, mais pas du tout les taux réels. Ils sont négatifs en Espagne. L'Espagne peut ainsi se développer plusieurs années durant grâce à son secteur immobilier et créer des groupes industriels à base immobilière. C'est un peu comme la France des années 1960, mais c'est cette fois à l'abri de la

---

1. Effet Balassa-Samuelson (1964) : les prix augmentent dans le secteur relativement abrité des salaires, puis se propagent.

monnaie vertueuse, l'euro. On sait aujourd'hui que cette évolution a trouvé ses limites avec la crise immobilière qui secoue l'Espagne, mais elle a fonctionné des années dans le cadre des règles du club, et même grâce à elles. Un loupé ? Une faille difficilement évitable plutôt. En tout cas, l'Espagne l'a bien vu et en a profité.

Le deuxième cas où les règles du club ont favorisé un membre est celui de l'Allemagne. N'oublions pas que l'Allemagne est entrée dans l'euro avec un mark cher. C'était inévitable : elle était la monnaie préférée du système européen. N'oublions pas non plus que l'Allemagne a dû financer sa réunification, en serrant de très près ses comptes et en cherchant à éviter un rattrapage salarial de l'Est sur l'Ouest. Dans ces conditions, elle s'impose une diète de demande interne. Elle soutient des mesures visant à renforcer la concurrence par les prix (développement du *hard discount,* avec par exemple Lidl), ce qui modère ensuite l'évolution de ses salaires. Pendant des années, ils croissent moins vite que la productivité, ce qui permet d'augmenter la part des profits dans la valeur ajoutée. Pendant ces mêmes années aussi, cette demande interne faible force les entreprises allemandes à chercher des débouchés extérieurs (au prix d'une politique assumée de délocalisation partielle) et empêche par là même les pays voisins de lui vendre. Étrange club où celui qui maigrit le plus conduit les autres à grossir, compte tenu de son importance dans le club, en tout cas leur rend la vie plus difficile ! En tout état de cause, on compte que la France perd, du fait de ce compartiment non coopératif, de l'ordre de 0,2 à 0,3 % point de croissance.

Le troisième cas est celui du *dumping* fiscal, joué un temps par l'Angleterre, mais vite dépassé par l'Irlande. Il attire le facteur mobile – en l'espèce, la finance (*alias* les sièges sociaux et les détenteurs de hauts revenus). Il réduit les ressources budgétaires des autres, les contraint dans leurs dépenses, ou accroît leur déficit s'ils ne font rien. Donc, à terme, leur croissance et leur emploi.

Bien sûr, il suffisait à la France de lire le texte du règlement. Elle doit se mettre à maigrir, et mieux encore plus et plus vite, sur le modèle (économique) allemand, puisqu'elle est trop grosse pour entrer dans une logique de *dumping* fiscal. Mais elle n'a pas pu (inutile de dire : « pas voulu »). Bien sûr, Espagne, Irlande et Allemagne ont bien joué, certes « perso ». Elles n'ont pas nécessairement respecté l'esprit du « maigrir ensemble », sauf si elles se sont désespérées de certains ! Nous ne sommes pas excusables : c'était écrit sur la porte du club. Sauf si on ne l'a pas (bien) lu...

Mais il ne s'agit pas seulement de se fustiger. Si le Pacte de stabilité et de croissance a seulement une logique de contrainte individuelle selon la célèbre trilogie anglaise : *name* (nomme les coupables), *shame* (fais-leur honte) et *blame* (pas de traduction nécessaire), comment nous le rendre aimable ? Veut-on conduire à une crise des gros, plus particulièrement du seul gros non vertueux : la France ? En effet, le système est ainsi fait que le coût de la rédemption est élevé si les réformes du début manquent à l'appel. Si le jeu du début n'est pas coopératif, il devient vite antagonique. La réforme devient un « bien rival », comme disent les économistes. Si certains s'arrangent pour passer en premier sur le pont étroit de l'ajustement, les autres doivent attendre et en souffrent. Ce n'est pas un traquenard antifrançais. Il se trouve que c'est un risque plus fort pour nous que pour d'autres, compte tenu de notre taille et de notre retard de réformes, et surtout qu'on ne s'y est pas assez préparé.

L'EUROPE NOUS POUSSE AU C...

Qui a lu le traité de Maastricht ou les projets de constitution ? Qui a compris la logique du Pacte de stabilité et de croissance ? Qui sait ce que « stabilité des prix » veut dire ? En fait, qui a compris qu'il n'y a qu'une seule logique économique en Europe et qu'elle est axée autour de la concurrence, de l'exportation, de la modération salariale, de la constitution de groupes et de PME puissantes ? En Europe comme partout, d'ailleurs. Qui a compris que cela ressemblait plus à l'Allemagne qu'à la France, qui a une économie plus puissante que la nôtre ? Et pourquoi donc ?

Parce que le modèle comparatif européen favorise celui dont la stratégie est d'être meilleur, *a fortiori* le meilleur, parce qu'alors être le meilleur, c'est vite être le plus fort. L'Allemagne réussit bien en Europe car elle adopte des politiques non coopératives, plus exactement non coopératives de fait. Et elle le fait parce que cela répond à sa stratégie de croissance et d'influence dans la région. Et, pourquoi ne pas le dire, d'hégémonie ? Mais cette Allemagne réussit d'autant mieux que la France se laisse aller : compétitivité insuffisante ici, hausse des salaires et des prix là, faiblesse de nos PME et déficit budgétaire ailleurs. On connaît la litanie, qui est en fait la pente descendante de notre compétitivité. Une compétitivité d'autant plus en baisse que celle de l'Allemagne est en hausse. Le jeu européen, avec l'espace ainsi laissé à des logiques antagoniques, est ainsi à somme faiblement positive. Si la logique de la croissance est celle de l'échappée, on ne peut pas demander à l'Allemagne de nous attendre.

Dans ce contexte, France et Angleterre se sont mises dans deux situations différentes : l'Angleterre choisit un positionnement financier, avec une City forte et la conservation de sa monnaie. Elle change de terrain concurrentiel, se garde l'arme de la monnaie et entre le moins possible dans des logiques européennes contraignantes. La souplesse est sa solution. N'oublions pas le mot de Tony Blair concernant les pays d'Europe : « *Leave them or lead them* » (Quitte-les ou mène-les). Une hégémonie *out*.

Par différence, la France a de fait choisi l'affrontement face à l'Allemagne et sa volonté d'hégémonie *in*. On voit qu'aujourd'hui les entreprises françaises rencontrent des entreprises allemandes sur les marchés tiers dans huit cas sur dix. Et qu'elles y perdent bien souvent ! C'est bien pourquoi notre part de marché est en effritement très rapide.

Qui comprend que ce modèle nous érode ? Qui comprend que nous conduire sans assez de préparation dans ce combat nous affaiblit constamment ? La fameuse contrainte extérieure ne l'est pas : elle est directe, intérieure à l'Europe, nous pousse à bouger, mais à reculons. C'est bien pourquoi il faut non seulement poursuivre les réformes, mais encore les renforcer.

Les autres pays européens choisissent des spécialisations fines. Ils utilisent les replis du terrain pour ne pas se faire broyer par la puissance allemande. Les Espagnols mettent l'accent (beaucoup) sur le tourisme et beaucoup (trop) sur l'immobilier. Mais ils ont des champions bancaires et de grandes entreprises dans l'immobilier (qui souffrent). Les Italiens sont davantage dans une phase de crise, avec leurs grandes entreprises qui doivent se regrouper et leurs fameuses PME en restructuration, plus un État très endetté. Les Belges n'ont plus de champions, les Néerlandais sont en train de perdre les leurs. L'évolution européenne est inégale et inégalitaire. Les meilleurs y gagnent. Est-ce à dire qu'ils peuvent tout y gagner : *the winner takes it all* ? Ce serait là un grave danger, qui dépend en large part de la sous-réforme de certains, dont nous, et de notre insuffisante coordination.

Au fond, voilà pourquoi il faut dire la vérité sur ce qu'est et sur ce que demande l'Europe, et surtout ce qu'elle permet dans la nouvelle économie mondiale de l'après-*subprimes*. L'Allemagne a une stratégie d'autant plus gagnante que la nôtre n'est pas assez offensive, sachant aussi que son propre jeu rencontre ses limites. Il faut qu'elle joue moins perso ; il n'est pas trop tard pour nous, mais il est grand temps. Autrement, le choix européen, notre grand choix stratégique, n'aura pas été exploité.

Au fond, voilà pourquoi il faut se réformer : pour profiter de l'Europe et de sa force dans ce monde. Pour changer avec elle, et pour la faire évoluer aussi. L'Europe permet et facilite le changement de chacun de ses membres. Elle est donc un multiplicateur de croissance, mais si et seulement si chacun commence chez lui. Ce n'est pas « la faute à Bruxelles » si nous ne bougeons pas assez, pas plus que « la faute à Rousseau » ou « à Voltaire » ! L'Europe n'est pas notre réformateur par procuration, elle est l'accélérateur de nos changements, dans l'environnement qui correspond le mieux à nos valeurs et à notre histoire. On voit en même temps ses lacunes et ses limites, qu'il s'agisse de la BCE ou des programmes de soutien à la recherche.

Mais on ne peut pas être écoutés si on est affaiblis. Tel ne semble plus être le cas, au moins politiquement. Profitons-en pour avancer.

CHAPITRE 4

Les *subprimes* ont-ils tué
le capitalisme ?

Nous venons de vivre la crise des *subprimes,* nous abordons une crise de l'industrie bancaire, nous entrons dans une longue phase de croissance molle. Nous allons voir de grandes concentrations financières, puis d'énormes restructurations industrielles. Nous pénétrons surtout dans une nouvelle organisation de l'économie mondiale. Le G20 du 15 novembre 2008 en est le début officiel. Quelle est notre responsabilité, nous Français, dans tout cela ? Et, surtout, que pouvons-nous et qu'allons-nous faire, nous Français ?

LE *SUBPRIME* : LA BELLE VIE POUR TOUS !

Vous cherchez un Américain pauvre qui désire acheter une maison, n'en a pas les moyens et qui (dans un cas sur trois) n'a pas de papiers en règle. Cela se trouve. Vous lui faites un crédit qui lui permet de réaliser ses rêves les plus fous. Pour l'aider encore, pendant deux ans, vous lui facturez entre 2 % et 3 % d'intérêt, sans lui demander de commencer à rembourser et, pour le mettre complètement à l'aise, vous lui faites un crédit qui dépasse de 10 à 20 % la maison qu'il veut. Admirable ! Bien sûr, il est prévu qu'au bout de deux ans le taux de l'intérêt monte, autour de 10 à 15 %. Mais vous expliquez à notre homme qu'à ce moment-là sa maison aura déjà monté de valeur, de 10 % au moins ! Et vous pourrez alors lui faire une nouvelle avance : ce n'est pas lui qui épargne, c'est sa maison !

Comment résister à un tel assaut de générosité ? De fait, nombre d'Américains ont dit oui à ceux, intermédiaires et non banquiers, qui leur offrent cette formule d'endettement, ou plutôt d'enrichissement. Peut-on leur en vouloir ?

Répétons que ces Américains sont souvent considérés comme au-dessous *(sub)* du standard normal *(prime)* de crédit. Ils seront rejoints par des membres de la *middle class*. Disons que ces « banquiers » qui leur font cette proposition n'en sont pas, puisqu'ils revendent immédiatement (statistiquement, dans la demi-heure) le crédit qu'ils viennent de documenter. Ce sont des démarcheurs, payés à la commission sur le montant de crédits « accordés ». Intéressés au chiffre d'affaires, on comprend qu'ils en ont fait.

L'honneur de la Fed est donc sauf... car les règles bancaires américaines sont au courant de ces clients *subprimes*. Le manuel de la Banque fédérale américaine à usage des employés (consultable sur le site de la Fed) précise que ces clients *subprimes* ont tous eu des problèmes de retard de remboursement de prêt (en donnant des précisions), ou fait faillite dans les cinq dernières années, ou sont déjà très endettés. Dans ces conditions, nous dit toujours le manuel, les dossiers doivent être remplis par des employés aguerris, avec une attention particulière. Mieux, ce même document précise que la titrisation de crédits *subprimes,* donc leur vente à des investisseurs, comporte des risques spécifiques, risque de crédit (l'emprunteur ne paye pas) et risque de liquidité (le papier acheté ne trouve pas aisément preneur et subit une perte). Tous ces points sont d'ailleurs revus et précisés en... mai 2007, lors de la dernière mise à jour du document ! Au fond, tout cela se fait en marge (à l'encontre) des règles américaines régissant les produits et les structures bancaires.

Endettez-vous aux États-Unis !

En janvier 2006, vous voulez acheter une maison de 200 000 $, vous empruntez pour la moitié de cette valeur (prise en garantie) et apportez donc l'autre moitié de la somme. Plus précisément même, vous prenez un crédit à quinze ans à taux fixe de 6 %, soit 10 296 $ d'annuité constante et 6 000 $ d'intérêt annuel. Puis, par bonheur, les taux d'intérêt passent à 5 % en juin 2006, en même temps que le prix des maisons monte de 10 %. Vous pouvez alors exercer une option qui figure dans votre contrat et le renégocier. Vous pouvez, par exemple, emprunter toujours pour la moitié de la (nouvelle) valeur de votre maison, soit 20 000 $ supplémentaires, et même vous arranger pour ne pas augmenter vos mensualités de remboursement, en vous endettant sur plus longtemps, environ trois ans supplémentaires.

Au terme de cette opération, vous voilà plus « riche » de 20 000 $ en cash et d'une maison qui vaut davantage... et plus endettés et pour plus longtemps. Il est clair que, si vous perdez votre source de revenu et/ou si la valeur de votre maison baisse, vous serez en risque aggravé. En attendant... c'est la belle vie. Vivement la prochaine hausse du prix des maisons[1] !

1. Luc Eyraud, Aurélien Fortin, Sophie Rivaud, *Les effets du ralentissement immobilier sur la consommation aux États-Unis*, Trésor-Eco, n° 25, novembre 2007, p. 27.

QUE L'ALCHIMIE FINANCIÈRE COMMENCE !

Ces crédits entrent ensuite dans une alchimie complexe où ils sont tranchés, structurés, bénis et assurés. Ils sont d'abord « tranchés » par niveau théorique de risque, au vu des probabilités des sinistres passés. Ils sont ensuite structurés en fonction de ces niveaux de risque, puis « bénis » par des agences de *rating*. Elles regardent comment tout cela a été fait, si la méthode suivie a été la bonne –

autrement dit, la forme plus que le fond. Si tel est le cas, elles donnent au « produit financier » ainsi créé le grade magique AAA pour une part, la plus petite mais la meilleure, AA pour une autre, et ainsi de suite jusqu'au produit le plus risqué. Reste à les assurer, ce qui est la spécialité d'assureurs dits *monolines,* pour autant que ces produits sont bien *ratés,* notés par des agences de *rating.* Ce qui est le cas pour une part d'entre eux. Inutile alors d'avoir beaucoup de fonds propres en garantie pour cet assureur, puisque la probabilité de défaut de ce qu'il assure est théoriquement très faible.

Au bout de ce circuit où chacun tient la barbichette de l'autre à partir d'un ensemble de crédits faits à des ménages américains fragiles, on obtient une gamme de crédits, selon diverses gradations de risque. Mieux, on en extrait une part jugée AAA qui rapporte plus que le crédit classique de cette même qualité ! Qui dit mieux ? Comment le plomb vil en or pur s'est-il changé ?

Effectivement, il n'y a pas mieux. Sauf que le risque de départ (ou, comme on dit, sous-jacent), celui du crédit fait au « ménage américain fragile », n'a pas disparu dans cette série d'opérations. Il s'est accru même, du fait de cette cuisine qui complique les choses en éloignant le produit financier vendu de sa source : le crédit au logement de notre « ménage américain fragile » ! Il faut avouer qu'il y a eu, à tous les niveaux, des erreurs et des approximations (en sus d'illusions), et que certains y ont eu un grand intérêt.

Au fond, il s'est agi de financer une maison qui comprend un distributeur automatique de billets. Mais les meilleures histoires ont une fin, celle-là est assez rapide. Au bout de deux ou trois ans, certains ménages ont des difficultés à payer leurs frais financiers, frais financiers qui ont augmenté à la fin de la période de grâce. En même temps, les prix des maisons n'augmentent plus comme avant, ce qui réduit d'autant la « production » des distributeurs de billets internes. Puis le processus s'accélère, comme toujours, avec plus de difficultés à payer les frais financiers et un début de baisse du prix des maisons. Cela en inquiète plus d'un emprunteur, banquier, financeur.

VINTAGE 2006 : LE DÉBUT DE LA FIN

Tous portent alors attention aux vagues de prêts faits chaque année – aux divers *vintages,* comme on dit. Le *vintage* 2006 se révèle alors une terrible piquette. Cette évolution inquiète les gestionnaires de fonds – américains, européens, japonais ou encore chinois. Ils ont acheté ces produits sans risque (bien sûr) et bien rémunérés (évidemment). La réalité commence à apparaître, avec l'idée que les derniers crédits sont faits dans des conditions encore plus « tangentes » que leurs prédécesseurs. C'est toujours la même histoire. En 2001, « on » commence à faire des crédits à des populations fragiles, crédits immédiatement titrisés après perception de la commission prévue (bien sûr). Au début rien ne se passe : l'économie est porteuse et ces populations fragiles arrivent à honorer leurs dettes, en fonction du « taux de casse » attendu. L'année qui suit, puis les autres, ce sont nécessairement des populations plus fragiles qui sont sollicitées, au moment où le logement entre en ralentissement, en 2005 et 2006. Le *vintage* 2006 est donc le pire : au bout de seize mois après leur origination, plus de 12 % des crédits ont des problèmes graves, plus qu'aucune autre campagne précédente.

Au fond, le modèle *originate to distribute* est en cause. Ce modèle du « crédit fait pour être vendu » et non du « crédit fait pour être gardé », au moins en partie, par le banquier classique (l' « originateur ») se retourne. Il comporte un risque, celui de la transmission de ce qu'on appelle l'asymétrie d'information[1] – autrement dit, de la différence de situation, et donc d'informations entre prêteur et emprunteur. Je suis banquier et ne sais pas exactement qui vous êtes, vous, cher client, qui voulez un crédit. Je vais donc vous étudier et vous surveiller, pour être bien sûr que vous allez me rembourser. Vous comprenez bien pourquoi, puisque l'argent que

---

1. Asymétrie d'information : voir les travaux de Joseph Stiglitz, l'un des fondateurs de la théorie de l'information, pour laquelle il a reçu le prix Nobel en 2001.

je vous prête est en partie le mien (il vient de mes fonds propres) et surtout celui des clients, qui sont venus le mettre chez moi en dépôt. Il y a certes asymétrie d'information entre vous et moi, mais, comme je garde le crédit, j'ai tout intérêt à bien vous analyser et à bien suivre, après, ce que vous faites et ce que vous devenez. C'est le *monitoring* du crédit. En revanche, si je vends le crédit à un tiers, c'est lui qui prend le risque, sans être bien sûr de la façon dont j'ai fait le crédit, puisque je le vends ! La patate, de plus en plus chaude, change de main. Mais cette patate est spéciale : elle est structurée, *ratée*, assurée. Bref, méconnaissable !

De semaine en semaine, de plus en plus de ménages sont en butte à des difficultés économiques croissantes aux États-Unis. Le prix de leurs maisons baisse. Les banques s'inquiètent. Les acheteurs des produits financiers à court terme qui financent les crédits structurés essaient de les vendre. Le marché financier prend peur. Plus personne ne veut acheter les produits titrisés du millésime 2006, puis tous les autres, en remontant les années. Tout le monde est vendeur.

C'est alors qu'on découvre que le prix de vente de ces produits n'est plus possible à établir facilement. Pour une raison bien simple, c'est qu'ils sont structurés ! Ils sont complexes, très éloignés des « sous-jacents », c'est-à-dire des maisons elles-mêmes. Vous me direz que c'est précisément ce que j'ai décrit plus haut dans leur fabrication, et qui en faisait le charme auprès de tous et l'attrait des investisseurs. C'est vrai, mais c'était « avant ». À ce moment, il s'agissait d' « ingénierie financière ». Le marché appréciait les caractéristiques du montage, les prouesses mathématiques et juridiques – bref, son éloignement par rapport à la réalité. Il ne voyait pas (ou ne voulait pas voir) que cet éloignement croissant ferait que le retour au marché, à la réalité des prix des vraies maisons dans les vraies rues, serait particulièrement difficile. Et coûteux pour celui qui détient la patate finale, qui est si chaude que personne ne veut l'acheter ou, pis, est encore en train d'en fabriquer ! Aujourd'hui, c'est clair. Aujourd'hui.

LA LIQUIDITÉ PEUT-ELLE S'ASSÉCHER ?

Pis, ce point particulier de la liquidité entendue au sens financier, *alias* de la capacité à trouver rapidement un acheteur sans perte significative, n'est pas pris en compte dans les agences de *rating*, donc par les assureurs *monolines*. On considère alors que ce qui a été fait peut être défait sans problème, donc que personne n'aura l'idée de le défaire. Pourquoi casser une poule dont les œufs sont d'or ? On ne peut que la vendre à un autre.

Vous avez dit : liquidité ?

La vraie valeur d'un bien – ou, si l'on préfère, sa valeur fondamentale – est la valeur actualisée de ses revenus futurs. Un actif vaut ce qu'il rapportera. Donc la liquidité peut être vue comme la capacité, pour le détenteur de cet actif, *d'emprunter contre ces revenus futurs*. La valeur d'un actif concerne le futur, la liquidité décrit les conditions de passage au présent.

Dans une conjoncture normale, où les prévisions sur le futur sont réglées autour d'une vision moyenne (environ 2 % de croissance cette année, à peu près autant l'an prochain, le cycle se déroule à peu près comme prévu...), les visions des agents, et donc du marché, fonctionnent de manière assez stable. Donc la liquidité ne pose pas de problème majeur. Elle combine les échanges entre les agents privés, essentiellement ménages, entreprises et banques, et le recours à la banque centrale pour compléter, fluidifier et réguler.

Quand la confiance fait défaut – autrement dit, quand personne ne veut croire dans la valeur des actifs, étant inquiet du futur, et les échanger contre de la liquidité –, aucun agent, même le plus liquide, ne peut résister longtemps. Tous se tournent vers la banque centrale qui a, seule, la capacité d'offrir cette liquidité en prenant ces actifs comme garantie. Elle prend alors le risque de cette opération.

Erreur tragique, qui fait vendre des produits illiquides comme des produits liquides, sachant quand même que l'écart de rémunération entre les deux vend la mèche ! Disons que la planète financière n'a pas trop voulu voir ce qu'elle achetait, toute intéressée qu'elle était à accroître sa rentabilité... sans risque, bien sûr, au moment où l'argent était partout, et donc les taux très bas !

NON, ELLE SE CONGÈLE...

Quand l'argent qui finance ces actifs immobiliers titrisés passe en quelques jours (août 2007) de 1 400 milliards de dollars à 800, il faut bien trouver 600 milliards ! La liquidité a disparu. Elle s'est terrée « en face » des banques, chez les gestionnaires d'actifs et autres investisseurs institutionnels qui, auparavant, finançaient ces produits sans problème.

Ce sont donc les banques qui font le service de cette liquidité et « ravalent », comme on dit si joliment, une part du papier qu'elles ont vendu il y a quelques mois ou quelques semaines. Mais assez vite ce qu'elles doivent abriter dans leurs bilans dépasse leurs capacités de financement. Elles regardent les gestionnaires d'actifs, qui campent sur leurs tas de monnaie et ne les financent plus. Inquiets. Début 2007, les banques ont tout ce qu'elles veulent d'eux avec des taux d'intérêt très faibles. Quelques mois plus tard, et plus précisément à partir d'août 2007, même avec des ponts d'or, ils ne bougent pas. Congelés sur leurs liquidités !

Tout cela parce que les marchés financiers s'inquiètent de ce retour brutal aux banques émettrices de papiers titrisés. Ils se demandent si tout ça ne cache pas quelque chose de plus grave qu'un moment d'humeur ou d'incompréhension, après les excès du *vintage* 2006. De fait, les marchés pressent des dépréciations plus fortes, donc des pertes à venir. Ils poussent les banques centrales – aux États-Unis, en Europe, puis partout –, à fournir de plus en plus de liquidités aux banques, non plus à trois mois, à un mois,

mais chaque jour. Car ils ne financent plus. Cette prophétie de pertes anticipées chez certains devient perte de confiance chez tous,
puis vite autoréalisatrice, avec tous ses excès. Il y a des pertes
cachées dans le système, vous dit le marché – certes. Je ne les
connais pas toutes – personne, et c'est d'ailleurs impossible. Je reste
liquide et attends de voir ce qui se passe. Mais ce sevrage de liquidité, parce qu'il s'étend, pousse à des soldes extrêmes. Donc à des
pertes bancaires et ainsi de suite, des pertes qui rendent de plus en
plus difficile de connaître les vraies pertes.

Pratiquement toutes les grandes banques du monde se trouvent
alors face à la nécessité de « nourrir » une part des actifs qu'elles
ont vendus, puis de les financer à des taux de plus en plus élevés
auprès de leurs banques centrales qui, seules, les aident parce
qu'elles ont recours à la liquidité qu'elles créent, seules : la liquidité
banque centrale. Tout cela au moment où l'on s'interroge de plus
en plus sur la valeur de ces papiers. La logique déflationniste est en
marche, alors qu' « on » craignait encore l'inflation.

LA TRANQUILLITÉ[1] ANNONÇAIT LE DÉSASTRE

Pourquoi ? Tout simplement parce que les autorités de régulation de la finance, en même temps qu'elles n'ont pas vu se développer la bulle des *subprimes,* ont beaucoup travaillé à consolider le
système financier. Terrible paradoxe ! Jamais on n'a tant parlé de
stabilité financière, d'augmentation du capital bancaire et d'amélioration de la qualité des techniques bancaires. On renforce le toit, on
laisse se défaire les fondations !

Par une de ces ruses dont l'histoire a le secret, ces dernières
années sont celles d'un renforcement considérable de la gestion bancaire, tant en matière d'analyse que de prévention des risques. Les

1. Paradoxe de la tranquillité (l'expression est d'Hyman Minsky, 1982. Au fond,
c'est parce que je suis trop tranquille que je prends des risques, trop.

banques connaissent mieux leurs risques, elles qui ont essuyé les crises des pays émergents (Amérique latine, Chine et Asie, Russie), des caisses d'épargne américaines *(Savings and Loans),* de la « nouvelle économie » et de la destruction du World Trade Center (*September eleven,* 11 septembre 2001). Les banques ont de meilleures statistiques sur leurs crédits, de meilleures bases de données comparatives, une meilleure façon de noter leurs clients, ménages et entreprises, une façon aussi de mieux suivre leurs « engagements » (leurs crédits) en temps réel. Elles savent mieux entrer dans des logiques de *stress tests* et de *stress scenarios*. Elles savent se préparer à des situations plus compliquées, sinon franchement plus compliquées. Cela fait désormais partie intégrante du métier.

En même temps, avec les règles de Bâle, du nom de la ville qui abrite la Banque des règlements internationaux (BRI), viennent de nouvelles demandes de capital bancaire, comme garantie de risques ainsi étendus et de mieux en mieux mesurés. On peut donc être plus tranquilles. On connaît mieux les divers risques de la finance. On se prépare mieux à les contrer par des exercices destinés à accroître la réactivité. On accumule plus de ressources pour compenser des pertes éventuelles. Et l'on vient, en même temps, de découvrir le paradoxe de la tranquillité : c'est parce qu'on est plus tranquille qu'on devient moins vigilant... et que le pire survient. D'ailleurs.

LES VIGIES REGARDAIENT AILLEURS

C'est bien simple : si on surveille à ce point le bilan, passons donc à des structures hors bilan, se disent certains ! Ils se barricadent à l'est, passons à l'ouest ! Créons des entités juridiques qui vont acheter ces fameux produits structurés issus des « crédits aux ménages fragiles » et faisons-les financer par des produits financiers à court terme ! Admirable : on comprend que ce financement se fait hors bilan de la banque, donc hors surveillance, et à très court terme, pour financer de l'immobilier à quinze ou vingt ans, et le tout sans fonds propres, puisqu'il y a là, derrière, toute l'ingénierie financière et les assurances *monolines* ! L'instabilité potentielle est à son maximum, au moment même où les vigies ne voient rien (puisqu'ils sont payés pour regarder ailleurs) et continuent de renforcer les statistiques de ce qu'ils regardent. C'est le moment où les régulateurs bancaires américains regardent avec attention les banques américaines qui sont sous leur responsabilité, et pas ailleurs, là où se font ces crédits et où ils se titrisent. Chacun – Fed, régulateurs spécialisés – travaille dans son coin et la coopération entre eux est, comment dire, réduite. Les marchés non plus ne voient rien, il faut l'admettre. Eux qui normalement sont capables de tout savoir, de tout comprendre et de tout traiter en temps réel. Aveugles, aveuglés, séduits ?

MARX TO MARKET ?

Tout cela est d'autant plus dangereux qu'un autre phénomène va jouer : le *mark to market*. Pas Marx, donc. Karl aurait pu créer cette mécanique de destruction du capital, mais le capital lui-même s'en est chargé ! En un mot, les règles comptables de valorisation des actifs changent, au moins pour les grandes entités financières internationales ! Nous passons d'une comptabilisation à la valeur historique, où les « choses » valent ce qu'on les a achetées moins leur usure, à une conception où les marchés « disent » les prix. La *fair value*, la valeur juste (autoproclamée), ne vient pas de l'histoire et du passé. Elle vient du jugement externe et permanent des marchés. Bien sûr, la valeur historique était par construction en retard et surtout, pensait et craignait-on, pouvait être manipulée par l'intérieur. Les dirigeants pouvaient cacher des profits, pour payer moins d'impôts, préparer des « coups » ou, pis, ne pas avouer leurs pertes. Rien de tel avec la *fair value*, puisque ce sont les prix apparus dans les transactions qui s'imposent. Les actionnaires peuvent dormir sur leurs deux oreilles : les dirigeants-salariés ne tromperont pas les actionnaires-propriétaires ! Le paradoxe de la tranquillité trouve alors une seconde source d'alimentation : à côté des régulateurs qui surveillent les banques (de leurs domaines propres), les marchés mesurent les prix des produits.

Fort bien... si le marché fonctionne correctement. Mais s'il est sous le choc des *subprimes* et de ventes en catastrophe, il va donner des valeurs plus basses pour ces actifs financiers, tout simplement parce que personne n'en veut plus. On ne connaît pas exactement leur valeur – puisque le produit n'est plus liquide, et que presque personne ne peut les acheter – puisqu'il n'y a plus de liquidité ! Dans cette situation où le futur se brouille, le marché donne des signes extrêmes à la baisse. Les cercles sont toujours vicieux. Ce sont des supersoldes qui ont lieu et qui donnent le *la* des prix.

Les experts-comptables internationaux pensaient avoir trouvé le moyen le plus sûr, car non manipulable, de dire la vérité : prendre la valeur du marché. Ils pensaient avoir trouvé le moyen de ramener la confiance par la transparence. Mais que faire quand le marché a disparu ? On répond : utilisez un modèle ou prenez les transactions qui ont lieu ! Merci, mais le modèle théorique est une pure création de l'esprit élaborée par temps calme, et quelques transactions ne sont pas « le » marché, en tout cas pas un marché profond. Recourir au modèle va faire apparaître des prix trop élevés, et entretenir la suspicion. Et prendre les prix de marché va accroître l'inquiétude !

De proche en proche, la crise s'étend, puisque les valeurs des actifs baissent, ce qui implique plus de fonds propres pour financer les banques, alors que les capitaux manquent. La liquidité devient plus difficile à trouver, ce qui met en difficulté certaines banques. En quelques jours, l'État américain nationalise de fait *Freddy Mac* et *Fannie Mae* (géants du financement hypothécaire), accepte la faillite de *Lehmann Brothers, Washington Mutual,* organise le rapide mariage de *Merrill Lynch* et de *Bank of America,* sans compter des fusions rapides de banques régionales, avec des fermetures. Et la liste continue. Elle gagne l'Europe et les pays émergents. Elle se globalise.

RUINER NE SUFFIT PAS

Mais ruiner les actionnaires, mobiliser plus de la moitié des ressources de la banque centrale américaine, baisser les taux d'intérêt de 5 à 1 %, en attendant moins, laisser filer le dollar, creuser encore le déficit budgétaire ne suffisent pas.

Certaines banques américaines ne peuvent plus faire face à leurs obligations auprès de leurs clients-déposants. Si elles sont petites et en province, c'est bien dommage pour elles et pour leurs actionnaires. Elles vont mourir, fermer, être reprises par d'autres. Dure loi. Ce sera fait en un week-end. Les déposants seront remboursés... jusqu'à 100 000 $ par le Fonds de garantie des dépôts. Donc ils sont tous inquiets et sur leurs gardes. Ils cherchent les banques les plus solides, c'est-à-dire normalement les plus grosses. On voit des queues de clients se former, clients qui veulent sortir leur argent de leurs comptes et le transformer en billets, ce qu'il y a de mieux (... si la monnaie est bonne), ou le transférer vers une autre banque, jugée plus sûre. C'est le fameux *bank run*, mot qu'on croyait bon pour les siècles passés en Europe et aux États-Unis ou seulement valable (et encore) pour les pays émergents. Un fléau qui ne peut pratiquement pas s'arrêter quand il a commencé.

Mais toutes les banques ne peuvent pas mourir, pour la bonne raison que toutes les banques ne *doivent* pas mourir. Cet impératif n'est pas du domaine de la morale, mais de l'économie. Il a un nom : risque systémique (risque en chaîne). Car c'est le fonctionnement du système de paiement qui est en jeu, si une trop grosse banque fait défaut. C'est la confiance que nous tous avons et aurons dans le système qui est ébranlée. Nous ne voudrons plus acheter des titres privés, surtout nous ne voudrons plus déposer notre argent. La préférence pour la liquidité devient absolue. Il n'y aura que le dollar papier ou l'euro papier qui vaut, alors que nous pensons quand même que le dollar ou l'euro en banque... c'est

75

pareil. Et, pour les placements, nous prendrons des bons du trésor à trois mois des meilleurs États (alors qu'avant c'était pareil pour des bons à trente ans !). C'est pareil si on le croit, donc si la confiance est là, donc si la qualité du système financier se maintient. La confiance *fait* la liquidité, et cette liquidité permet de *faire* de la croissance et du crédit. Mais cette construction peut être affaiblie par des faillites bancaires importantes qui comportent un risque systémique.

Too big to fail devient la phrase de Wall Street, « trop grand pour tomber », en liaison avec ses effets systémiques, ce qui s'oppose à « aléa moral » *(moral hazard),* expression élégante pour : « On ne sauve que les riches. » De fait, il faut sauver les gros, pas nécessairement les riches, car autrement leur chute ferait beaucoup de pauvres. *A contrario,* on voit que la chute de *Lehmann Brothers* a été une grave erreur qui a alimenté partout les inquiétudes. Elle était normalement perçue comme *too big...* C'est donc à ce moment que vient le fantastique paquet de soutien de 700 milliards de dollars destiné à acheter les actifs toxiques *(nouveau nom des actifs structurés et des crédits subprimes)* et/ou pour financer directement des banques. Il est proposé par Henry Paulson (secrétaire d'État au Trésor) et est adopté par le Sénat américain, non sans difficultés. Puis ce sont des réunions et des rencontres en Europe, mais aussi partout ailleurs.

Bref, c'est une phase endiablée de craintes et fermetures, restructurations et rachats, faillites et concentrations qui se déroule. Elle se conclut pas une immense structure de défaisance (où l'on se défait de ses actifs) aux États-Unis, et ailleurs selon des modèles nationaux qui vont peu à peu se mettre partout en place. En même temps, la croissance américaine est affectée, l'Europe plus encore. Les pays émergents ralentissent, certains entrent en crise (Ukraine, Serbie...). Au total, la richesse perdue sera de l'ordre de deux fois celle que produit, chaque année... la France.

QUAND ALLONS-NOUS SAVOIR LA VÉRITÉ ?

Au fond, le capitalisme financier mondial, à partir des États-Unis et de proche en proche le monde entier, perd ses repères de prix et de valeurs. Les actionnaires s'inquiètent de l'évolution des prix des actifs détenus par les banques, donc de leurs résultats. Ce qui devait renforcer la confiance des investisseurs en accroissant la transparence, la comptabilisation aux prix de marché *(mark to market)*, précipite la chute des valorisations et fait monter partout la défiance, le goût (et donc le coût) de la liquidité. Les actifs monétaires, les bons du trésor des meilleurs pays à quelques mois, les obligations des meilleures entreprises : c'est la course aux abris, le *flight to quality.*

Pour en sortir, les marchés financiers se demandent, en fonction de ce qui se passe sur le marché sous-jacent de l'immobilier, ce qui va se passer dans les comptes des banques. Les premières corrections sont saluées en septembre 2007. C'est alors, pense-t-on, la transparence qui joue, le retour au réel. Certains acheteurs reviennent en bourse, se disant que la crise n'a pas été si chère. La vérité est que les patrons des entreprises ne mentent pas, pas plus que leurs directeurs financiers, mais qu'ils prennent obligatoirement les estimations comptables qui leur viennent du marché. Un marché qui n'a plus de repères. Restent le financement par les banques centrales, en dernier ressort, et les achats par les Trésors nationaux, en dernier ressort. Ce sont des avances et des nationalisations, directes *(Northern Rock),* partielles (Fortis), indirectes et partielles (plan Paulson 2). Tout cela donne des prix planchers et permet de repartir, mais de très bas, mais pas tout de suite, mais lentement. En même temps, ceux qui le peuvent font des affaires en or. La carte des rapports bancaires et financiers mondiaux est profondément changée.

Surtout, il faut de nouvelles règles de surveillance des banques, en donnant plus de pouvoir aux banques centrales, pour que plus rien ne leur échappe, pour que les groupes soient mieux suivis, notamment mondiaux. Il y a aura aussi plus de surveillance des grands acteurs financiers, des produits financiers complexes et des agences de *rating,* un changement dans la mise en œuvre du *mark to market.* Il faudra revoir comment on évalue ce qui correspond à une « valeur de marché », car destiné à ne pas être gardé par l'entreprise, et ce qui est destiné à être gardé. L'immédiat ne peut pas entrer partout, surtout quand cet immédiat est extrême.

On voit aussi dans cette crise comment le jeu européen est lent et non coopératif, les deux étant liés, quand par exemple l'Irlande décide de garantir deux ans son système bancaire. Que deviennent alors ceux des autres ? Ceux d'Angleterre et d'Allemagne notamment ? Une Allemagne qui rechigne un temps. Le club des *Weight Watchers* va avoir encore plus d'ennuis, puisque les déficits seront plus importants et l'ambiance sera plus... lourde.

Deux concepts expliquent toutes ces corrections : la liquidité, la solvabilité. La liquidité doit être garantie, pour que la machine à faire du crédit se remette en œuvre. La solvabilité doit être là, au besoin avec des fermetures, des restructurations des nationalisations partielles ou totales.

La liquidité permet le crédit, la solvabilité recrée la confiance. Tout ceci va peser sur la croissance et prendre du temps pour se normaliser. Tout ceci doit donc nous conduire, ici, à aller plus vite en besogne.

Chapitre 5

Le J de la Réforme

Pour les réformes comme pour les régimes, c'est le premier pas qui coûte. Et toute cette histoire prend la forme d'un J : c'est dur de décider, dur de commencer, dur de résister en attendant des résultats qui ne viennent toujours pas. Puis les premiers effets positifs se font sentir. Enfin !

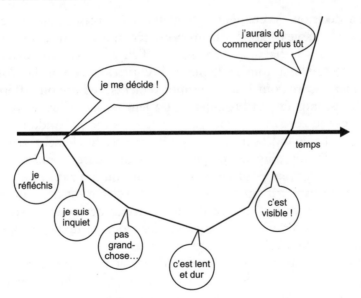

Le J de la réforme : ça marche, mais pas tout de suite

Car Dieu le sait que nous y avons pensé à cette nécessaire diète quand nous nous sommes vus dans la glace, quand nous avons vu courir nos voisins et collègues, quand il a fallu changer notre garde-robe. Mais nous nous disions que nous avions le temps, que c'était le *stress,* qu'il y avait une chose à faire, et nous avions tant d'autres soucis... Pour arrêter de fumer, non plus, ce n'est pas facile, même s'il est écrit sur la boîte que le produit est mortel. Même en gros. Même si ces fumeurs dans leur bocal, dans certains aéroports, font un peu poissons rouges. Même si ceux qui piétinent en hiver, au pied des immeubles, en plein vent, font pitié. Mais c'est si agréable de profiter de la vie, de la béarnaise, du bordeaux, d'une ultime bouffée.

J'AURAIS DÛ COMMENCER PLUS TÔT

La décision de changer a finalement été prise, rien ne se voit encore : « Je me décide ! » Dans notre tête nous avons commencé le régime, mais la balance s'obstine à afficher nos déficits extérieurs ou budgétaires, à donner de mauvais chiffres d'emploi. Les *lobbies* s'agitent encore pour freiner les mouvements, réduire ou différer les décisions, inquiéter et brouiller : c'est leur travail. C'est aussi notre souci car je perds mes repères. « Je suis inquiet, abandonné, seul, isolé... » Et quand la décision de réforme est finalement prise, par exemple l'arrêt d'un avantage fiscal à une date donnée, tout le monde se précipite pour en profiter, avant qu'il n'expire ! Il faut se faire une raison ; le premier effet d'une décision est de pousser, un temps, à son inverse. Ayant décidé d'arrêter de fumer ce soir, j'en profite aujourd'hui. Je vais chercher les trous du texte, les imprécisions. Mais tout cela n'aura qu'un temps.

« Pas grand-chose » de visible donc, et pourtant le travail de réforme commence à jouer. Si certains se précipitent avant que la porte des avantages ne soit fermée, c'est bien qu'ils ont compris que, cette fois, c'est fini. Mais il faut attendre que les nouvelles attitudes et les nouveaux comportements se mettent en place. « C'est lent et dur », avant que les premiers effets se voient vraiment : « C'est visible » ! Et alors, avec le recul, on se dit toujours : « J'aurais dû commencer plus tôt. »

C'EST SI AGRÉABLE DE NE RIEN FAIRE QUAND ON VOIT TOUT CE QUI SE PASSE AILLEURS

C'est si agréable pour un pays de vivre à crédit, de voir s'ajouter les déficits annuels et monter sa dette. Aux États-Unis, une imposante série de chiffres la calcule, à la seconde. C'est fou et paraît grave. Mais pourquoi s'inquiéter, là-bas ou ici, puisque le « papier » public, celui des bons du trésor, continue à se vendre dans d'excellentes conditions (voir chap. 4) ? Mieux même, il s'arrache aujourd'hui avec la crise, bien sûr pour les papiers les plus courts des États-Unis et des meilleurs pays. Est-on si sûr que la vertu paie ?

LE CARNAVAL DES POLITIQUES

Pourquoi changer, alors que la population s'inquiète surtout de la baisse de son pouvoir d'achat, puis aujourd'hui de l'emploi, et que vous lui dites que son vrai problème est celui de l'investissement et de la formation ? Vous êtes fou !

Pourquoi changer alors que certains responsables politiques (et économiques) de l'opposition s'inquiètent de la réduction du nombre de fonctionnaires, sous prétexte que la croissance faiblit ? Le fonctionnaire keynésien est de retour. Dans cette veine, on se demande pourquoi ne pas faire explicitement référence à Malthus, lui qui souhaitait plus de serviteurs pour les maîtres de la *classe stérile. Stérile* certes, au sens de l'époque, parce que purement consommatrice. Nous sommes fous !

Pourquoi changer avec les mesures libérales, si on ne sait pas si elles marchent, au vu de la crise actuelle ? Et on a même de sérieux doutes sur certaines : comptabilisation au prix de marché, surveillance bancaire, suivi des concentrations, dialogue avec la Banque centrale. Nous allons sans doute vers de nouvelles règles, un nouveau rôle de l'État et de nouveaux systèmes internationaux. Attendons !

Pourquoi changer, puisque la gauche de M. Delanoë nous dit que cela va surtout profiter aux riches (plus de 4 000 € mensuels, selon la définition de M. Hollande) et affaiblir encore les pauvres ? Un riche qui n'est d'ailleurs pas fondamentalement hostile à une meilleure gestion budgétaire, à la retenue à la source, voire au RSA (Revenu de solidarité active). Une gauche qui n'est pas forcément hostile non plus à la réforme des universités, au soutien aux PME, à la réforme et à la simplification de l'État. Mais une gauche qui promet parfois de défaire ou de refaire ce qui a été fait par la droite. Attendons pour comprendre !

Pourquoi changer, puisque l'extrême gauche nous dit que cela profite seulement aux riches, patrons et autres proprios ? Et qu'on verra ce qu'on verra ! Pendant ce temps, l'extrême droite nous parle des zélotes de l'anti-France ? Attention à nos têtes !

Pourquoi changer, puisque le centre de M. Bayrou, dès qu'il sera au pouvoir, fera la meilleure combinaison des propositions avancées par tous et la mettra enfin en œuvre, avec les forces qu'il aura agrégées entre-temps ? Attendons la synthèse !

Au fond, pourquoi changer maintenant si c'est dur, pas sûr, compliqué, pas encore au point, s'il y a mieux à faire, si l'on obtient l'inverse de ce qu'on attend, ou si l'on n'a pas encore les guides qu'il nous faut ? Et si c'est LA grande crise ?

ENCORE UNE MINUTE, MONSIEUR LE BOURREAU

C'est vrai que nous étions presque prêts à franchir le pas. Vous nous aviez convaincu, avec vos rapports, vos exemples, vos graphiques. Mais, patatras, voilà les *subprimes* et, derrière la crise mondiale ! Nous voilà dans une nouvelle organisation de l'économie mondiale.

Changer dans la crise, singing in the rain

Raghuram Rajan[1], ancien conseiller économique et directeur du Département des études du FMI, nous le dit : les réformes sont plus faciles à commencer quand la situation économique se couvre... et plus faciles à réaliser quand elle est bonne ! Il y a en a donc pour tous les goûts, sachant que nous n'avons pas le choix et que nous entrons dans une longue période de croissance ralentie, sans latitude budgétaire.

— Une période de croissance lente ou négative est propice aux réformes, toujours selon le FMI, car elle met en lumière les besoins en la matière, ou elle affaiblit la position des groupes d'intérêts qui s'y opposent. Par exemple, en Nouvelle-Zélande et au Royaume-Uni, où de profondes réformes structurelles ont eu lieu dans les années 1980, la persistance de conditions économiques difficiles avait renforcé le mouvement en faveur des réformes.

— Lancer les réformes dans la phase de reprise économique : c'est le bon moment. Car le ralentissement qui a précédé a attiré l'attention sur le besoin de réforme et la reprise promet des gains plus rapides.

1. Raghuram Rajan, Pourquoi les réformes sont-elles si difficiles ?, *Finances & Développement*, juin 2004.

La faute financière a été américaine, mais ses effets de propagation sont énormes. Nous sommes atteints et affaiblis dans nos banques, dans notre croissance, dans la confiance des ménages et des entrepreneurs. Les solutions proprement américaines deviennent de plus en plus difficiles à mettre en place là-bas, et que dire ici ? Il y aura là-bas des fusions et des fermetures de banques régionales, des restructurations pour les plus grandes, des fermetures. Que faire ici ? Sachant que les nouveaux financeurs détenteurs de *cash* sont souvent des fonds dits *souverains,* qui seront les nouveaux propriétaires ? Ces fonds sont sous la responsabilité des États, d'où leur nom. Ils ont une double source : les excédents commerciaux venant

Halte-là, les fonds souverains sont là !

	Fonds	Création	Milliards de dollars
Émirats arabes unis	Abu Dhabi Investment Authority	1976	875
Norvège	The Government Pension Fund of Normay	1990	380
Singapour	Government of Singapore Investment Corp.	1981	330
Arabie Saoudite	Divers		300
Koweit	Kuwait Investment Authority	1953	250
Chine	China Investment Company Ltd	2007	200
Hong Kong	HK Monetary Authority Investment Portfolio	1998	163
Russie	Stabilization Fund of the Russian Federation	2004	158
Singapour	Temasek Holdings	1974	115
Australie	Australian Government Future Fund	2004	61
Qatar	Qatar Investment Authority	2005	50
France	Fonds de réserve pour les retraites	2003	47
États-Unis (Alaska)	Alaska Permanent Fund	1976	40
Libye	Oil Reserve Fund	2005	40
Brunei	Brunei Investment Agency	1983	30
Algérie	Fonds de régulation des recettes	2000	25
Corée du Sud	Korea Investment Corporation	2005	20
Malaisie	Khazanah Nasional BHD	1993	18
Kazakhstan	Kazakhstan National Fund	2001	18
Canada	Alberta Heritage Fund	1976	17
Taiwan	National Stabilisation Fund	2000	15
Venezuela	National Development Fund	2005	15
Iran	Oil Stabilisation Fund	1999	13
Nigeria	Excess Crude Account	2004	11

Sources : Sources nationales et http://www.swfinstitute.org (décembre 2007).

des exportations de gaz et de pétrole, modèle Golfe, et destinés en théorie aux générations futures, les excédents commerciaux classiques mais beaucoup plus importants, modèle Chine, et destinés en théorie à éviter des crises[1]. Pourquoi se presser quand le jeu n'est pas clair et les règles changent ? Pourquoi consommer des cartouches quand nous en avons si peu ? Et si nous finissons... vendus ?

POURQUOI CHANGER, ALORS QU'AU FOND ON SAIT BIEN QUE ÇA NE CHANGERA PAS ?

Quelle est notre responsabilité, à nous Français, dans toute cette crise ? Très faible. Des banques souffrent et des portefeuilles privés subissent des pertes, mais nous avons peu trempé les mains dans la confiture des *subprimes*. Notre dette publique augmente, parce que notre croissance faiblit, tandis que les prix de nos maisons sont à la baisse. Peut-être que notre responsabilité est de n'avoir pas crié assez fort en Europe, devant les logiques comptables et financières qu'on nous proposait/imposait. C'est la faiblesse de l'Europe (donc la nôtre) qui nous a exposés. Nous sommes plus victimes que fautifs. Vrai. *So what ?*

Surtout, que pouvons-nous et allons-nous faire dans tout cela, nous Français ? Ce qu'on peut toujours se dire, c'est qu'il y aura un avant- et un après-*subprimes,* que cette crise laissera plus de traces que les précédentes, largement d'origine américaine elles aussi. Brillante analyse !

On sait que les États-Unis cherchent à tout prix à forcer leur croissance, sachant que leur revenu moyen ne progresse plus depuis des années. Ils font le *forcing,* un *forcing* qui se fait avec des idées et

---

1. Jean Arthuis, *Les fonds souverains : une menace à relativiser, un partenariat à construire,* Rapport du Sénat n° 336, 2007-2008 ; *Fonds souverains, à nouvelle crise, nouvelle solution ?,* sous la dir. de Jean-Paul Betbèze, Paris, PUF, « Cahiers du Cercle des économistes », 2008.

des innovations extraordinaires, on l'a vu avec la *nouvelle économie,* mais un *forcing* qui se fait aussi avec de plus en plus de finance, on vient de le voir avec les *subprimes.* Cette fois est la fois de trop.

Tout le monde voit la faiblesse américaine, avec certes de la flexibilité et de l'innovation organisationnelle, de très bons esprits et toujours de grandes idées, mais avec une base financière de plus en plus fragile, tant publique que privée. Les États-Unis rebondissent de crise en crise, certes et heureusement pour nous, mais avec toujours plus de dette et d'ingénierie financière. Comme s'il s'agissait de doses croissantes de dope, prises de plus en plus souvent, avec un effet toujours moindre.

Nous, France, n'avons pas la taille économique, pas les moyens, et nos premiers efforts semblent déjà réduits par ce qui nous vient d'ailleurs. Qu'ils changent donc d'abord ! Que l'Europe revoie ces règles ! Vrai ou faux ? Faux. N'attendons pas.

TOUS LES J SONT-ILS LES MÊMES ?

Non. Il y a un mieux rapide sur les rentrées fiscales si on limite les « niches » et stimule les soutiens à la croissance, notamment les crédits d'impôt-recherche en France. Il y a un mieux si on surveille les dépenses publiques, un mieux économique, un mieux moral. Il y a un mieux sur les prix si on accroît la concurrence, un mieux sur l'emploi si on augmente la flexibilité. Mais il faut attendre un à deux ans pour la fiscalité avant de voir la sortie de son J, un peu plus pour la concurrence, un peu plus encore pour l'emploi. Bonne raison pour commencer tout de suite, surtout pour former à la logique du changement, car aucun changement ni aucune réforme ne sont évidents, isolés les uns des autres, ni surtout définitifs. Bonne raison pour expliquer le calendrier qui se met en place et entretenir la flamme. La réforme est un état d'alerte et un état d'esprit. Autrement l'effet du régime est limité, puisqu'on attend de l'arrêter, donc le coût du changement est élevé par rapport à l'avantage obtenu et les rentes se réinstallent très vite. Car elles ne désarment jamais.

La bonne réforme va à l'inverse de ce qu'on pense

Considérons l'abolition du plafond de taux d'intérêt sur les prêts. Le public y verra probablement une autorisation pour les prêteurs d'appliquer des taux exorbitants. En réalité, si les plafonds sont éliminés dans un système financier concurrentiel, le prix des prêts reflétera correctement le risque, et les prêts seront alloués plus efficacement. Le type de distorsions créé par les plafonds dépend du type de prêteurs présent dans le système. Si les prêteurs sont des banques privées à la recherche du profit, ils refuseront tout simplement de soutenir des projets pour lesquels le taux correspondant au seuil de rentabilité se situe au-dessus du plafond. Aussi les projets risqués seront-ils écartés, même s'ils en valent la peine.

Mais, si les prêteurs ne se soucient pas du profit ou ne peuvent évaluer les risques, ils seront inondés de demandes de prêts de la part d'emprunteurs à haut risque pour des projets non viables. Comme il est défendu aux prêteurs d'appliquer un taux supérieur au plafond, ils peuvent utiliser un autre moyen pour choisir parmi les emprunteurs disposés à payer davantage – par exemple, à verser le plus gros pot-de-vin. Les emprunteurs qui ont le plus à gagner à offrir des pots-de-vin sont ceux dont les projets sont le moins viables, car ce sont eux qui obtiendront la plus grande bonification d'intérêt. Ainsi, non seulement les prêteurs (souvent sous contrôle de l'État) succomberont à la corruption, mais ils feront aussi des prêts très risqués.

Lorsque les plafonds *sont* en vigueur, que les prêteurs recherchent le profit ou non, les allocations de prêts ne sont pas optimales : le risque supporté par l'économie est trop faible ou trop élevé. En outre, les prêteurs ne peuvent tirer de leurs prêts un revenu suffisant pour verser aux épargnants un taux propre à engendrer de l'épargne dans l'économie.

Le problème, c'est que seul un politicien qui connaît le sujet et sait bien s'exprimer peut apprécier ces arguments à leur juste valeur et les résumer par les petites phrases persuasives qui seraient probablement nécessaires pour « vendre » la libéralisation des taux d'intérêt au public. Bien plus facile de s'attaquer aux usuriers et de conserver les plafonds[1] !

1. Voir n. 1, p. 83.

Comme aucun J n'est le même et que les travaux du FMI[1] montrent que celui de la fiscalité est le plus rapide à faire sentir ses effets, commençons par lui. Les raisons sont évidentes : les règles fiscales passent rapidement dans la comptabilité et la finance des entreprises, et dans les calculs des ménages. Tous comprennent qu'ils doivent changer de comportements, que ce qui était possible ne l'est (malheureusement) plus. La porte est close, ils doivent aller voir ailleurs. Et plus précisément là où on les invite à se rendre : la fiscalité est une indication des activités soutenues et plus encore une incitation... à y aller. Donc, fiscalité d'abord – mais en ajoutant aussitôt qu'il s'agit de simplifier les procédures et de réduire les prélèvements. Autrement dit, d'éviter les incitations spécifiques, comme ces aides de Robien aux résidences d'étudiants qui poussent certains à acheter des logements là où les étudiants ne sont pas ! La vraie bonne incitation fiscale est globale et passe par la diminution... de la fiscalité, pour investir plus tandis qu'on surveille la dépense publique.

UN J APRÈS L'AUTRE ?

Ensuite marchés du travail et des biens, mais par lequel commencer ? Normalement par celui qui est le plus complexe et le plus long à faire sentir ses effets. Va donc pour l'emploi. Mais si on est sous contrainte politique, ce qui est toujours le cas, si les prochaines élections se présentent en 2012, ce qui a bien l'air d'être aussi le cas, donc si tout doit être perceptible en 2011 au plus tard, il devient impossible d'entrer dans une logique séquentielle à l'allemande. Cette logique a été celle des mesures Hartz (du nom du directeur du personnel de Wolkswagen) I, II, III et IV. Elles conduisent à réduire régulièrement les possibilités de demeurer dans le statut de chômeur, notamment de refuser sans raison valable des offres d'emploi. L'indemnité de chômage I *(Arbeitslosengeld I)* dépend des revenus

---

1. FMI, *Perspectives de l'économie mondiale*, avril 2004.

antérieurs. Elle est versée pendant douze mois pour les moins de 55 ans et dix-huit pour les plus de 55 ans. Au-delà intervient l'indemnité II, unique, fixée en 2005 à 345 € par mois à l'Ouest et à 331 à l'Est, à laquelle s'ajoutent des aides pour le loyer et le chauffage. Cela mène, pour une personne seule, à 651 € mensuels à l'Ouest et à 637 à l'Est, auxquels viennent s'ajouter des suppléments enfants : 200 € s'ils ont moins de 14 ans, 280 jusqu'à 18. Cela est accompagné de vérifications strictes pour verser les aides (connaissance des revenus du conjoint, biens immobiliers possédés, réserves d'épargne...) et finit, si aucun emploi n'est trouvé, avec « l'emploi à 1 € ». C'est un emploi d'intérêt général, obligatoire faute d'avoir accepté d'autres possibilités, et payé 1 € de plus que l'indemnisation. Nous sommes en Allemagne.

Tout cela crée des emplois locaux et réduit les emplois publics en Allemagne, on s'en doute, mais surtout pèse très fortement sur les salaires privés. On s'en doute aussi. Il faut le reconnaître : derrière le succès allemand à l'exportation, il y a une demande interne faible qui ne doit rien au hasard. Nous sommes ici très loin de tout cela. S'il faut commencer par le J français de l'emploi, sa variante allemande ne passerait pas ici. Il n'y a pas lieu de le regretter : les réformes doivent répondre aux sociétés.

SARKOZY : J(E) FONCE

La France n'est pas l'Allemagne en matière de réforme, ni près de le devenir, parce que le consensus pour trouver une solution n'existe pas. C'est plutôt une insulte ici (avec un côté trahison), une vertu en Allemagne, une nécessité au Parlement européen. Nous vivons encore ici dans les oppositions politiques classiques, pour ne pas dire anciennes. Elles conduisent en fait à éviter la dureté des réformes, « par douceur ». Mais cette douceur nous empêche de profiter des améliorations économiques : c'est dur d'être doux ! Surtout, elles risquent de ne pas nous mettre en position pour profiter non pas de la reprise de l'après-*subprimes*, mais des nouvelles conditions de croissance de l'après-*subprimes*. Ce sera très dur de ne pas l'avoir été assez quand c'était possible !

C'est bien parce que le chancelier Schröder a poursuivi contre vents et marées les réformes en Allemagne, avec ce qu'on a nommé là-bas l' « Agenda 2010 » voté en 2003, que l'amélioration mondiale, ressentie partout en Europe, a bénéficié particulièrement à l'Allemagne. Il est donc faux de dire qu'il suffit de faire des réformes pour « faire naître » la croissance. Mais il est vrai que les réformes permettent de bénéficier de toute amélioration de la situation économique et de moins souffrir de ses revers. Angela Merkel a continué sur cette voie, en mettant davantage l'accent sur la consolidation budgétaire et sur la recherche-développement. Mais le J de l'emploi a été fait, et bien, et permet la suite.

Voilà pourquoi la France est en difficulté de longue date, ayant pris du retard dans ses réformes, n'ayant jamais eu un consensus pour les mener à bien, et n'allant donc jamais aussi loin que son voisin allemand. Voilà pourquoi le Président Sarkozy n'a pas mené un échéancier de réformes à l'allemande. Il se serait épuisé dans leur succession, en en laissant le bénéfice au successeur. Surtout il n'aurait pas atteint la masse critique nécessaire. D'où l'idée de faire le plus possible dans le plus bref délai, J de l'emploi, J des biens et J de l'Université... ensemble. Le J de l'Université est fait pour l'essentiel et devrait voir ses effets dans la durée : les réformes de la formation et de la connaissance ont ce charme modéré de toujours faire sentir leurs effets positifs, mais toujours lentement, après avoir longtemps coûté. Il faut donc les faire au plus vite et les entretenir constamment.

Il n'en est pas de même des réformes plus « chaudes » de l'emploi et des biens, sachant qu'il ne s'agit rien de moins que de revoir les 35 heures, le travail du dimanche, les conditions de licenciement, les régimes de retraites, le travail des seniors, ou le devenir du petit commerce. Tous ces aspects s'emboîtent dans l'idée d'accroître le volume de travail offert, mais ils correspondent chacun à des chantiers différents, avec leurs difficultés et leurs tensions.

Cela (peut) explique(r) la logique du paquet fiscal lancé en début de mandature, pour réduire les coûts *ex ante* des réformes qui se préparaient. L'effet cumulé des J de l'emploi et des biens en France a un effet récessif, à compenser par avance. Inutile de stigmatiser les soutiens au logement ou les transmissions d'héritage : ils permettent politiquement et économiquement de faire passer la pilule.

Une autre séquence aurait été possible : réformes d'abord, soutien budgétaire ensuite. Elle est défendable sur le papier, mais ce n'est pas comme ça qu'on gagne les élections. Avant le J des réformes, il y a le 50,1 % des électeurs. D'où le « paquet fiscal », là aussi.

REFONDER LE CAPITALISME : LA NOUVELLE UTOPIE ?

C'est le thème en vogue[1]. Certains comprennent même : changeons tout, d'abord, pour pouvoir ensuite changer un peu, ici. Présentée ainsi, la manœuvre, on le comprend, a peu de chance d'aboutir et risque de faire perdre du temps. Elle est sans doute politique, puisqu'il s'agit de fustiger non pas le capitalisme, mais ses excès. Elle est nécessaire, puisqu'il faut revoir des règles qui, si elles ne sont pas changées, menacent ou ruinent les efforts entrepris.

Mais attention à ne pas prendre de nouveaux retards dans cette opération. Attention surtout à ne pas interpréter le « discours de Toulon » comme un moyen de changer de cap sans le dire, de mettre plus de rigueur que prévu en cherchant un peu d'espace de manœuvre du côté des taux d'intérêt ou des règles de Maastricht. Les réformes aident toujours ceux qui les font. La bonne conjoncture profite plus aux réformateurs. La mauvaise les épargne davantage.

1. Discours de Nicolas Sarkozy au Zénith de Toulon, le 25 septembre 2008.

Le discours de Toulon[1]

Une crise de confiance sans précédent ébranle l'économie mondiale. De grandes institutions financières sont menacées, des millions de petits épargnants dans le monde qui ont placé leurs économies à la Bourse voient jour après jour fondre leur patrimoine, des millions de retraités qui ont cotisé à des fonds de pension craignent pour leurs retraites, des millions de foyers modestes sont mis en difficulté par la hausse des prix.

Comme partout dans le monde, les Français ont peur pour leurs économies, pour leur emploi, pour leur pouvoir d'achat.

La peur est une souffrance.

La peur empêche d'entreprendre, de s'engager.

Quand on a peur, on n'a pas de rêve, on ne se projette pas dans l'avenir.

La peur est la principale menace qui pèse aujourd'hui sur l'économie.

Il faut vaincre cette peur. C'est la tâche la plus urgente. On ne la vaincra pas, on ne rétablira pas la confiance en mentant mais en disant la vérité.

La vérité, les Français la veulent, ils sont prêts à l'entendre. S'ils ont le sentiment qu'on leur cache quelque chose, le doute grandira. S'ils ont la conviction qu'on ne leur cache rien, ils puiseront en eux-mêmes la force de surmonter la crise.

Dire la vérité aux Français, c'est leur dire que la crise n'est pas finie, que ses conséquences seront durables, que la France est trop engagée dans l'économie mondiale pour que l'on puisse penser un instant qu'elle pourrait être à l'abri des événements qui sont en train de bouleverser le monde. Dire la vérité aux Français, c'est leur dire que la crise actuelle aura des conséquences dans les mois qui viennent sur la croissance, sur le chômage, sur le pouvoir d'achat...

La crise financière n'est pas la crise du capitalisme. C'est la crise d'un système qui s'est éloigné des valeurs les plus fondamentales du capitalisme, qui a trahi l'esprit du capitalisme...

1. Nicolas Sarkozy Zénith de Toulon, 25 septembre 2008.

> La crise actuelle doit nous inciter à refonder le capitalisme sur une éthique de l'effort et du travail, à retrouver un équilibre entre la liberté et la règle, entre la responsabilité collective et la responsabilité individuelle.
>
> Il faut un nouvel équilibre entre l'État et le marché, alors que partout dans le monde les pouvoirs publics sont obligés d'intervenir pour sauver le système bancaire de l'effondrement.
>
> Un nouveau rapport doit s'instaurer entre l'économie et la politique à travers la mise en chantier de nouvelles réglementations.
>
> L'autorégulation pour régler tous les problèmes, c'est fini.
>
> Le laissez-faire, c'est fini.
>
> Le marché qui a toujours raison, c'est fini.

Aujourd'hui les États-Unis pansent (pensent ?) leurs plaies, qui sont profondes. Il leur faut encore plus de fonds externes pour se financer et éviter une récession profonde. Ils ont trouvé un nouveau président et il leur faut une nouvelle stratégie, avec surtout sa nouvelle expression. On comprend que les valeurs morales et humanistes vont y avoir plus de place, que la réduction des inégalités, le souci de meilleures chances pour tous vont y prendre une nouvelle intensité. On comprend aussi que les États-Unis vont devoir s'adapter à un monde multipolaire. À côté d'une Europe économiquement résiliente mais financièrement et politiquement mal organisée, il y a des pays émergents avec leurs faiblesses structurelles mais aussi leurs trésors (fonds souverains et matières premières), et leur désir de compter.

Les États-Unis vont chercher une nouvelle voie pour repartir, mais ils vont repartir plus légers et ne pourront le faire seuls. Comme toujours, ils vont *surfer* sur les nouvelles valeurs du temps : écologie, nouvelles techniques de communication, santé et vieillissement, plus cette fois les oubliés de la croissance (dont les clients *subprimes*). C'est à partir de ce nouveau rêve qu'ils vont essayer de convaincre, d'attirer des capitaux, pour repartir. Ils vont présenter cela comme un nouveau capitalisme, un nouveau rêve, une nouvelle frontière. L'argent ne vient jamais si on ne lui dessine pas une *big picture*. Mais rien ne serait plus faux que d'attendre que le nouveau capitalisme soit réorienté là-bas pour mener nos réformes ici.

Les États-Unis sont à la manœuvre, idéologique. Nous ne devons pas nous arrêter. C'est maintenant qu'il faut peser le plus possible au-dehors et continuer de changer au-dedans. C'est maintenant qu'il faut exprimer le contenu de nos choix, au-delà des réformes, pour leur donner une forme. La récession que nous vivons, à la suite du choc *subprime*, aggrave notre situation économique, psychologique et politique. Elle tend notre contrainte budgétaire. Il est donc heureux que le mouvement de réforme soit engagé. Imaginons la crise mondiale sans cette série de changements !

Maintenant, il faut que l'Europe se coordonne.

Le petit matin du 5 Août
ou :
la réforme comme on l'aime

Nous, Français, adorons cette nuit du 4 août 1789, salle des Menus Plaisirs, à Versailles. Sous l'emprise des meilleurs sentiments, la noblesse de France abandonne alors ses privilèges. C'est la réforme comme on l'aime : l'ennemi se rend sans combattre, il fait tout le travail. Bien sûr, on peut raffiner et remarquer que le vicomte de Noailles, qui propose d'en finir avec les « restes odieux de la féodalité », est ruiné. Il n'empêche que sa proposition déclenche l'enthousiasme. On peut raffiner encore et parler de cet enthousiasme des nobles qui, alliés au Tiers État, abolissent les privilèges du clergé, clergé qui, en représailles, soutient le Tiers État pour abolir ceux de la noblesse... Journée des dupes, *strip poker*, comme on veut. En un jour tout est fait et« les députés se sont congratulés en pleurant ».

LIBERTÉ DE QUOI ?

La voie est tracée pour la Déclaration des droits de l'homme et du citoyen. Liberté, Égalité, Fraternité, c'est notre trinité. Mais c'est la liberté de créer et de parler qu'ont en tête nos ancêtres, une liberté d'aller et venir, de posséder. L'égalité est celle des chances avec son lot de devoirs, dont celui de défendre la patrie et de payer l'impôt. Et la Fraternité vient de cette œuvre immense : changer le monde.

Depuis, il n'est pas impossible que les sens de ces trois mots se soit modifié (tournure...). La liberté des droits s'est étendue, notamment par l'accumulation d'avantages pour les salariés privés et publics. Ce qu'on appelle ici « les droits acquis ». Mais la liberté concerne autant les biens que les personnes, c'est celle des contrats. Or la présence croissante de l'État ne cesse de complexifier et d'opacifier les règles. On voit monter le nombre de pages des codes, sans que les citoyens les comprennent, moins encore employeurs et employés. C'est là qu'il faut donner la primeur au contrat, pas la primauté, bien sûr. Il faut que les syndicats s'expriment et discutent, mais qu'ils acceptent d'assumer leur responsabilités, c'est-à-dire d'entrer dans la logique des réformes. Voilà notre contrat social. On peut revoir les situations en France, dans la clarté, avec une signature à la clef. Débattre n'est pas perdre, signer n'est pas trahir.

ÉGALITÉ DE QUI ?

Il faut aussi rediscuter du fameux concept d'égalité. Tout le monde sait que c'est celle des chances qui importe, pas celle des résultats. Mais est-ce qu'on parle assez de la nécessité de laisser plus de liberté à ceux qui veulent avancer et prendre des risques ?

Peut-on, pour prendre une métaphore cycliste, augmenter la vitesse moyenne du peloton ? Non. Il faut une échappée. Il faut que ceux qui peuvent et veulent aller de l'avant le puissent. On voit alors, assez vite, se réveiller le peloton, dans l'idée de rattraper ceux qui sont partis au-devant de lui. La vitesse du peloton monte, donc celle de tous. C'est la concurrence, l'émulation, l'envie... comme on veut. Mais c'est fondamentalement la dynamique de croissance, où il faut permettre des écarts d'activité, de vitesse, donc laisser des libertés, pour que tous, ensemble et ensuite, en profitent. Cette logique nous est étrangère, hors le Tour de France, bien sûr. Mais il faut la faire nôtre : l'inégalité est dynamique, et celle de ceux qui pédalent plus vite et plus fort est justifiée. Le volet fiscal est le parfait exemple de cette philosophie (voir encadré).

Les réformes fiscales en cours :
les portes qui se ferment et les autres

Réduit puis fermé : les « retraites cocotiers ». Ce sont les fonctionnaires qui partent prendre leur retraite dans les DOM-TOM et ont donc un supplément, compte tenu de la cherté de la vie sur place... Et de la pénibilité sans doute.

Bien ouvert : le crédit d'impôt-recherche. Il est enfin augmenté et simplifié, sachant que les PME se mettent de plus en plus à y recourir. Pourquoi ? Grâce au rescrit fiscal – à savoir, l'engagement que l'administration fiscale n'ira pas vérifier l'usage de ses fonds, dès lors qu'elle a celui de l'entrepreneur. C'est la confiance partagée. Avant, un crédit d'impôt-recherche sur trois entraînait une vérification fiscale. Belle incitation !

Fermé : acheter les rentes. Bien sûr, si le budget est riche, il peut se mettre à acheter les rentes qu'il a lui-même concédées, il y a des années de cela. C'est la question des taxis, un nombre donné de plaques en contrepartie de contraintes ; des pharmaciens, un nombre donné d'officines en fonction des tailles d'agglomérations ; des avoués... Chaque fois, il y a de bonnes raisons derrière ces avantages : le pharmacien donne des conseils et exerce une fonction d'urgence. Il faut qu'il gagne sa vie dans de petites villes et qu'on ne les trouve pas tous dans les grandes agglomérations. À la limite, l'État peut procéder au rachat de ces avantages, après évaluation, par exemple acheter les plaques de taxi, ce qui lui permettrait d'accroître leur nombre. Mais c'est plus de 2 milliards ! Pas d'argent.

Ouvert puis fermé : l'ISF. Depuis son invention politique par la droite, cet impôt a constamment alimenté des débats, mais aussi des départs (Bruxelles, Genève). On parle de plus de 200 milliards, pour un gain actuel compris entre 3 et 4 par an. *No comment.* Au lieu de stimuler l'activité, elle la réduit. Nos révolutionnaires de 1789 nous avaient pourtant prévenus : « Article 13. – Pour l'entretien de la

---

force publique, et pour les dépenses d'administration, une contribution commune est indispensable ; elle doit être également répartie entre les citoyens, en raison de leurs facultés. »

Ne pouvant pas supprimer l'ISF, décidément symbolique, l'État tente alors de l'évider. Par ailleurs, il rogne sur certains avantages fiscaux antérieurs, ce qui suscite la grogne, passe en force pour d'autres, ce qui l'accroît. Moralité : il faut systématiquement revoir les avantages en se demandant leur raison d'être. Mais quand on décide de soutenir une activité, ça ne sert à rien de freiner en même temps !

FRATERNITÉ POURQUOI ?

Parce que nous sommes des êtres humains, et économiquement parce que nous n'avons pas le choix. Si nous avons toujours en tête l'idée que la croissance est un jeu à somme trop faiblement positive et que nous n'avons aucun intérêt à faire le premier pas, alors la situation se détériore. Le système devient non coopératif, se crispe et la croissance se ralentit encore.

Le mécanisme des « fameux » degrés de liberté se met en marche, la croissance baisse, donc l'emploi, donc la Bourse, donc les prix des maisons, et la dette publique monte. Cela peut durer assez longtemps, car le « fameux » club des *Weight Watchers* ne peut laisser tomber un de ses membres, même s'il l'a écrit dans ses règles qui excluent tout rattrapage. En fait, il est victime de son engagement même à remettre les pays dans le droit chemin de la rigueur économique et budgétaire.

Mais c'est surtout à l'intérieur de chaque pays que doit se renforcer la coopération, avec des règles de droit plus simples et plus compréhensibles, avec un système de rémunération plus juste dans les entreprises. Les Français ne sont pas égalitaristes : ils savent parfaitement que plus de risque, plus de travail, plus de compétences impliquent des rémunérations plus fortes. Mais ils ne peuvent comprendre des écarts trop élevés, et surtout infondés. Il y a de bonnes inégalités, celles qui permettent la croissance, et ce ne sont pas des injustices. Au contraire.

C'est pourquoi il faut que les systèmes fiscaux soient plus clairs, et que l'État se donne comme objectif de réduire son prélèvement d'ensemble et cesse de le retoucher par toutes les mesures catégorielles pour aider ici les vieux châteaux, là les DOM-TOM. Les niches fiscales doivent être limitées avant de disparaître, sachant que l'État devient en même temps plus efficace, donc prélève moins. Un jour viendra où nous aurons une CEG qui jouera un plus grand rôle encore, un système fiscal plus simple, ou encore une *flat tax* pour tous ? Ce n'est pas encore. Mais n'allons surtout pas en sens inverse, avec toutes ces mini-taxes, comme actuellement.

« Un partage des responsabilités qui aboutirait à confier à une personne les intérêts d'une autre retirerait à cette dernière une dimension irremplaçable de son être sous forme de motivation, d'implication et de connaissance de soi. Il n'existe pas de substitut à la responsabilité individuelle »[1], nous dit le Prix Nobel d'économie Amartya Sen.

Liberté, Égalité, Fraternité, Responsabilité.

1. Amartya Sen, *Un nouveau modèle économique. Développement, justice, liberté*, Paris, Odile Jacob, 2003.

CHAPITRE 6

Faire la course en tête

Même si nous n'aimons pas ce type de vérité, il faut nous les dire. Qui aime bien châtie bien, disaient nos ancêtres... les Romains. La France pèse, en termes économiques, le vingtième de la richesse mondiale. Dit autrement, le monde fait une autre France tous les ans en rythme de croisière, ce qui n'est évidemment pas le cas actuellement. Il peut s'arranger pour vivre sans nous (je sais : il y perdra), mais l'inverse est plus difficile à prouver. Mesurons-nous ! Mesurons-nous aux autres !

Bien sûr, tout cela est terriblement quantitatif et donc terriblement faux. Bien sûr, cela ne prend pas en compte nos actifs immatériels (notre nom, notre culture, notre apport à la civilisation, au développement des valeurs universelles, voire à la cuisine, bientôt inscrite au patrimoine immatériel de l'humanité...). Bien sûr, cela ne prend pas en compte non plus nos grands hommes et leurs apports au monde. Bien sûr, bien sûr. Mais beaucoup de pays peuvent dire des choses semblables. Nous pouvons additionner les Nobel, comme d'autres les médailles d'or. Et alors ?

On ne peut pas se développer dans ce monde en disant que les chiffres sont faux, imprécis ou biaisés, ou, pis, qu'ils passent à côté de l'essentiel. Un essentiel qui est qualitatif, bien sûr. Et qui nous arrange (on l'a déjà deviné). Telle a été, longtemps, notre position par rapport aux quantifications de *Doing business,* ce document de la Banque mondiale[1] qui mesure les changements qui, dans le monde, permettent de faire plus facilement du *business*. Bien sûr, les chiffres ont leurs limites, comme dans toute comparaison internationale, mais on ne peut pas les rejeter en bloc. Il est bon de savoir combien de temps il faut, dans divers pays, pour créer une entreprise, obtenir une décision de justice, ou quel est le taux de recouvrement sur une créance qui n'est pas honorée.

Mais on ne peut pas tout quantifier, bien sûr. En matière de justice, par exemple, la question n'est pas que les arrêts soient rendus vite, mais qu'ils soient *bien* rendus, que les juges soient bien formés et indépendants. Pour autant, on ne peut se battre du côté qualitatif parce qu'on perd sur le quantitatif. Le classement mondial des universités de l'Université de Shanghai nous est défavorable, non parce qu'il est chinois ou quantitatif, mais parce qu'il mesure des faiblesses objectives, dont nos fractionnements, nos dispersions, nos difficultés à coopérer, à faire corps. Bref, ces faiblesses que nous fabriquons nous-mêmes. Exemple : un professeur qui écrit signe d'un lieu, lieu qui est pris en compte dans les classements. Mais en France un professeur est dans plusieurs centres : pour y travailler, pour cumuler des revenus ? Qu'importe, il n'y aura qu'un lieu pour compter son apport dans les systèmes officiels ; lequel ? Nous partons donc battus. Il faut réunir nos forces, fabriquer des équipes, arrêter ce travail de division.

Les classements mondiaux des dix meilleures universités

— Université Jiao Tong de Shanghai : Harvard, Stanford, Berkeley, Cambridge, MIT, CALTECH (California Institute of Technology), Columbia, Princeton, Chicago, Oxford.

— *Financial Times* (Higher Education Supplement) : Harvard, Yale, Cambridge, Oxford, CALTECH (California Institute of Techno-

---

1. Le projet *Doing business* de la Banque mondiale mesure la réglementation des affaires dans 181 pays et les villes sélectionnées au niveau sous-national et régional.

logy), Imperial College, UCL (University College London), MIT, Columbia.

— Classement de l'École des Mines : Harvard, Tokyo, Stanford, Polytechnique, HEC, University of Pennsylvania, MIT, Sciences Po, ENA, École des Mines.

> *Nota :* La lecture du tableau ci-dessus marque également, ne nous leurrons pas, que la méthode n'est pas parfaite, qu'il existe des biais nationaux... clairs. Biais qu'a sans (aucun) doute voulu dénoncer l'École des Mines, en prenant non pas la recherche (Nobel, médailles Fields...), mais le nombre des anciens étudiants parmi les dirigeants exécutifs des 500 plus grandes entreprises mondiales.

LA COURSE EN TÊTE PASSE PAR LA PRODUCTION D'IDÉES

Il faut se lancer dans la grande course au large, celle qui secoue davantage, demande de bons bateaux, des capitaines aguerris et des équipages entraînés. Cessons de penser au chercheur isolé, inspiré et génial, tourmenté et romantique. Tous les garages n'abritent pas des inventeurs de micro-ordinateurs. C'est mieux si Steve (Jobs) et Steve (Wozniak) y sont. Toutes les réunions de copains ne produisent pas *Facebook*. C'est mieux si Mark Zuckerberg est à Harvard. Il faut sortir de ces classements d'écoles de commerce françaises où on « compute » livres, mètres carrés, professeurs et ordinateurs pour arriver à un indicateur unique, qu'on commente sans fin. On peut certes mesurer les publications dans les revues scientifiques, mais il ne faut pas oublier non plus les liens avec les entreprises et les labos, les brevets et les ressources des fondations. Nous nous illusionnons.

Nous perdons en parts de marché de brevets. Il faut se demander alors si les chercheurs et les équipes sont assez intéressés aux résultats, si les moyens donnés pour valoriser la recherche sont suffisants, si des *brokers* de brevets existent sur les campus et y sont bien rémunérés. On connaît la réponse. Croyons-nous que les États-Unis occupent 80 % des positions sur la frontière technologique mondiale simplement parce qu'ils sont seulement financièrement bien dotés, sans organisation ni incitation des professeurs, chercheurs et *brokers* d'innovations ?

Voilà pourquoi il faut des campus qui réunissent des centres de recherche autour de grands thèmes. Voilà pourquoi il faut que les écoles de commerce et d'ingénieurs, du XIXᵉ siècle pour la plupart, se regroupent. Voilà pourquoi il faut de plus importantes universités, avec des laboratoires plus vastes et mieux dotés, des doctorants plus nombreux, et aussi des structures de valorisation de la recherche, de suivi et de veille concurrentielle. Tout cela est professionnel, non plus ces cours fantomatiques où certains continuent sur leur lancée, allant seuls et pas très loin. Il s'agit d'argent public pour les facultés, collecté sous forme de taxe pour les grandes écoles, obtenu par avantage fiscal pour les donations et les fondations. On ne peut méconnaître d'où il vient et le mépriser. Il faut le faire fructifier en l'organisant. Chercheurs et professeurs, comme partout, doivent s'engager sur des programmes et rendre des comptes. Ils doivent en tirer des avantages clairs. Si on ne demande rien, ne vérifie rien et ne paie pas bien, il ne faut pas être surpris du résultat. Quand les règles sont mal faites, chacun joue avec.

La grille de salaire des professeurs d'université en France

Traitement brut professeurs des universités (PR) :
— début de carrière : 2 998,47 € ;
— après deux ans : 3 344,80 € ;
— dernier échelon de la deuxième classe : 4 388,34 € ;
— dernier échelon de la classe exceptionnelle : 6 015,17 €.

La rémunération mensuelle est composée d'un traitement de base, présenté ci-dessus, auquel s'ajoutent diverses indemnités.

PRODUIRE LES NORMES POUR NE PAS LES SUBIR

La concurrence devient de plus en plus forte entre les entreprises, parce qu'elle devient de plus en plus régulée. Les critiques de l'économie de marché qui parlent toujours de loi de la jungle oublient une chose : la jungle n'a pas de loi, elle en a plusieurs. La loi du plus fort, celle du plus malin, du plus rapide, du plus patient, ou encore du mieux entouré... en fonction des situations et des participants. Le plus fort à quoi, pendant combien de temps ? Mieux vaut alors parler des lois de la jungle... et certains font alors remarquer qu'on a aussi la jungle des lois.

Elle vient des changements économiques, sociaux, technologiques, de la concurrence et de la mondialisation, sans oublier le goût du législateur pour intervenir, alors que les parties sont déjà d'accord. Dans le contexte européen se développe le vaste espace des directives obtenues par consensus au Parlement européen, donc par des discussions et non par des mouvements de manche qui n'ont aucune raison d'être. Dans d'autres domaines, on voit se développer le monde des règles en matière d'échange de données, de technologie, de santé et de sécurité, de comptabilité ou de finance.

Chaque fois, ces normes structurent l'espace concurrentiel, avec des acteurs ou des pays qui sont mieux ou plus mal placés. En matière de standard, pour les DVD ou les téléphones, par exemple, la concurrence est plus rude encore, car la coexistence est impossible à maintenir dans la durée. Vient un moment où un l'emporte, sachant que les autorités veillent à ce que les consommateurs ne soient pas *lockés* dans une technologie.

La France a un rôle important à jouer dans cette production des normes mondiales, avec et au sein de l'Europe. Prenons la comptabilité, où l'on voit enfin que la *fair value* – en fait, la valeur immédiate – n'est pas la vérité économique des valeurs qui s'établissent sur un cycle économique entier. Il a fallu la crise actuelle pour qu'on revienne sur cette règle, et encore n'est-on pas entièrement sûr de l'application. Cela n'est pas acceptable, pour la France et pour l'Europe.

105

UNE SITUATION UBUESQUE

Il faut, tant pour la banque que pour l'assurance, que les règles n'ajoutent pas de volatilité – autrement dit, n'aillent pas contre le but recherché. Les règles qui régissent les banques, et qui sont un progrès, précisent ainsi qu'il faut un certain montant de fonds propres pour accorder des crédits en tenant compte de leur qualité. C'est bien. En reprise, avec les profits bancaires et surtout la bonne qualité prévue des crédits, les banques prêtent beaucoup. Le capital est une garantie explicite, mais le frein des ratios joue peu. C'est un problème. Puis, quand le cycle se renverse, ce frein joue du fait des pertes et surtout de la dégradation des crédits. C'est idiot, mais le mot est joli pour décrire tout cela : procyclique. L'inverse de ce qu'il faudrait.

La crise financière que nous vivons montre en effet à quel point le système de normes et de valorisations établis pour les banques à Bâle et pour les entreprises autour de l'IAS Board[1] (*International Accounting Standard*, responsable des standards comptables pour 100 pays, et indépendant) s'est révélé contre-productif. Les règles de Bâle ont ainsi poussé certaines banques à y échapper par la titrisation, sans que cela ait été ni prévu ni vu. Les lacunes des systèmes de *rating* n'ont pas davantage été remarquées. La machine à titriser s'est emballée en montée de cycle classique, faisant en même temps monter les prix d'actifs. Tout va alors plus vite, tout vaut plus cher. Il n'y a aucun frein en montée. Mais quand la situation se retourne, les systèmes se mettent aussi à accélérer en descente. Les actifs valent de moins en moins cher, davantage de capital devient indispensable, au moment même où il est plus difficile à trouver. Le mélange Bâle II + règles comptables est détonant.

---

1. Http://www.iasb.org/Home.htm. C'est de ce Board indépendant que viennent les IFRS, *International Financial Reporting Standard)*, règles comptables internationales qui s'appliquent à toutes les grandes entreprises.

Pour le futur, il faut travailler sur des normes revues en matière de gestion des risques bancaires et de capital nécessaire, peut-être en demandant plus de fonds propres au fur et à mesure que la croissance évolue, pour desserrer ensuite la contrainte, dans la descente. Un ratio mobile en fonction du cycle et de produits financiers désormais homogénéisés serait une piste à creuser. Là aussi, il faut que l'Europe dise son mot et ne cède pas aux sirènes américaines. Il est... paradoxal que tant d'efforts soient déployés à nous surveiller et pas à surveiller ceux qui nous mesurent, sous prétexte que la source est anglo-saxonne et indépendante. Mais que signifie et que vaut cette indépendance ? Notamment quand certains entreprises américaines ne prennent pas ces normes !.

LA GUERRE DES POLICES

Comme nous entrons de plus en plus dans la haute mer de la finance, encore faut-il que les surveillances soient adéquates. On voit les limites du système américain où la Fed ne dispose pas des informations sur certains secteurs de l'activité bancaire. Cela rappelle ces séries TV américaines où l'échelon local et le FBI ne coopèrent pas, ou encore ces services de renseignements qui ne se parlent pas. La concurrence est une bonne chose, pas quand il s'agit d'information et de sécurité, car c'est un bien public.

Il faut donc avancer des idées de surveillance plus générale des opérateurs bancaires et financiers mondiaux. En Europe, n'oublions pas que dans certains pays, en France, Italie ou Espagne, la banque centrale du pays sait ce qui se passe dans son système bancaire et financier, pas en Allemagne ou en Angleterre. On a vu le coût du désastre de *Northern Rock* en Angleterre (au moins 40 milliards d'euros), celui d'une banque qui faisait des crédits à l'immobilier en se refinançant à court terme sur le marché. Le surveillant indépendant (la FSA, *Financial Services Authority*) n'a pas bien vu ce qui se passait, en tout cas pas prévenu à temps la Banque d'Angleterre, ce qui équivaut à « pas prévenu ». Nous voyons ce qui se passe en Allemagne, pour des raisons voisines : des autorités de surveillance indépendantes des banques centrales. Nous n'avons pas, en Europe, les moyens de nous offrir de tels dysfonctionnements. Ils expliquent l'effet de surprise du début août 2007. Ni la BCE ni la Fed ne sont au courant des tensions qui montent parce que les systèmes de prévention, puis d'alerte, n'ont pas fonctionné. Il faut que, partout, les banques centrales des pays de la zone euro aient compétence sur leurs banques et que cette information complète remonte vers la BCE.

LA MÊME RÈGLE POUR TOUS

Il faut voir les enjeux de ce qui va définir notre croissance des dix ans qui viennent. Le cruel paradoxe de la crise financière actuelle, à savoir qu'elle affecte plus l'Europe alors qu'elle n'en vient pas, a une bonne part d'explication dans la complexité de nos systèmes de régulation et leur faible réactivité, sans oublier jamais – raison principale – que l'économie européenne est moins flexible que l'américaine. Nous ne pouvons pas jouer le jeu américain avec des règles qui viennent de chez eux sans voir d'abord si elles nous conviennent, tout en étant moins réactifs et moins coordonnés qu'eux.

Conséquence : si nous ne nous renforçons pas pour la formation, la recherche et notre influence sur les normes mondiales, et ne nous coordonnons pas mieux dans les années à venir, nous faisons peser sur notre croissance un risque de volatilité plus forte. Plus de chocs en étant moins agiles, c'est moins de croissance et d'emploi, des entreprises se trouvant trop ou mal régulées allant voir ailleurs... pour revenir ici vendre leurs services. Avec la valorisation boursière qui va évidemment avec.

En même temps, si nous développons en Europe des systèmes de contrôle et de surveillance que n'ont pas les autres, en finance, en chimie ou ailleurs, nous nous stabilisons peut-être, mais nous nous affaiblissons si nous ne « vendons » pas cette stabilisation. Le mieux-disant régulateur est celui qui convainc les autres, optimise les frais et les structures en les diffusant. Autrement il affaiblit son camp, au moins temporairement. Il faut donc en Europe des régulateurs centraux pour les grands groupes *(lead regulator)*, à charge pour eux de réunir les régulateurs nationaux et de gérer les demandes et les informations au sein de ce groupe. Et il faut que cela soit bien connu et *apprécié* des marchés financiers pour devenir international. Après les *subprimes,* les États-Unis peuvent moins se poser en donneurs de leçons : la zone euro doit devenir la zone financière la plus sûre du monde.

STABILISER LE CAPITAL

On connaît ces stabilisateurs de fait que sont les dépenses publiques, grâce à leur inertie. Mais cette stabilisation de la demande a comme contrepartie un prélèvement régulièrement croissant sur la richesse produite, l'impôt d'aujourd'hui ou de demain, par la dette publique. Il conduit les entreprises à rechercher plus d'efficacité et de productivité, ce qui peut déstabiliser les carrières privées, à tout le moins exercer sur elles une pression accrue. C'est le fameux effet d'éviction : l'impôt est premier servi, ce qui pousse les entreprises à redoubler d'efforts pour l'acquitter, elles qui ont déjà la concurrence. Quand on nous répète que les fonctionnaires sont une composante de la demande interne, c'est vrai, mais notre demande interne est déjà assez forte. Quand on nous dit que cette demande publique stabilise l'activité, c'est faux, puisqu'elle la met sous pression renforcée.

Pourquoi donc de ne pas essayer une autre forme de stabilisation, non pas en lestant la demande dans sa composante publique, mais en lestant le capital par sa composante stable ? Pourquoi ne pas donner plus de poids à l'actif le plus durable de tous, les actions, dont on sait qu'il surperforme tous les autres sur longue période ? Pourquoi donc ne pas donner plus de poids aux produits de stabilisation : actions, intéressement et participation, et à tous ses véhicules : assurance vie, gestion d'actifs, fonds de pension, fonds souverains ? Un risque majeur de la période qui s'ouvre est une dépréciation des actions, alors qu'elles sont déterminantes pour la dynamique des entreprises, leur stabilité et leurs systèmes de gouvernance, leur propriété, et qu'elles sont la meilleure base de supports de retraite à long terme.

Dans ce contexte, il faut revoir ce qui se passe avec nos règles bancaires et surtout assurancielles, car les assureurs sont les plus importants détenteurs d'actifs, avec les *asset managers.* Si nous réduisons la capacité des assureurs à détenir des actions en même temps qu'on maintient leur décote, qu'on ne s'étonne pas de problèmes sur le financement de nos retraites et de mouvements sur la propriété de nos éléphants et de nos plus belles gazelles. *A contrario,* avec les cours boursiers actuels, le moment est bien choisi pour renforcer les politiques d'épargne salariale et de complément de retraite par actions. Allons-nous le comprendre ?

SACHONS UTILISER LA BCE

Malheureusement, on l'a vu, la suspicion est au cœur de la construction européenne, autant que l'idée de créer la grande économie moderne de l'Europe intégrée, correspondant à ses capacités et à ses traditions. Carotte et bâton, avec l'idée que c'est le bâton qui conduit à la carotte. Cette suspicion nous affaiblit, puisque les règles ne sont pas établies sur une base assez favorable à la croissance, mais c'est une suspicion qui s'explique aussi, au vu du passé, reconnaissons-le. Il s'agit d'arrêter de fonctionner ainsi, chacun donnant des gages.

D'abord, il faut renforcer les moyens de connaissance économique, bancaire et financière de la BCE en lui permettant de mieux connaître les diverses places de la zone. La situation des assureurs doit aussi être mieux connue et centralisée. Encore une fois, cela ne concerne pas la France, mais plutôt l'Allemagne. C'est un fait que ce pays, comme l'Angleterre, souffre plus de la crise parce qu'il a un système de surveillance bancaire séparé de la banque centrale, selon une logique qu'on retrouve aussi aux États-Unis. Avec les résultats que l'on sait. Et nous n'avons pas mentionné quelques paradis fiscaux anglais.

Ensuite, il faut que cette BCE mieux informée qui surveille les prix des biens et services analyse aussi ceux des actifs – en clair, qu'elle dépiste les bulles. Et il faut que cette idée se répande. Évidemment, la Banque centrale va dire immédiatement qu'elle n'a pas d'expertise en cette matière, et qu'elle ne veut pas dire que « tout va » si une crise se déclenche ensuite. Elle en serait tenue responsable. Et maintenant ! Car nous pouvons nous dire (entre nous) que personne ne sort grandi de cette épreuve, que la BCE a aussi une part de responsabilité, ayant agi en fonction de règles qu'il faut faire évoluer. N'oublions pas la hausse de juin 2008, suivie de la baisse supérieure d'octobre ! Il n'est pas impossible du tout que la Banque centrale publie désormais des indicateurs de rentabilité apparente ou anticipée des actifs, en fonction des cours et des taux. Elle devra signaler plus fortement les risques. On comprendra aussi que sa politique monétaire sera plus rigoureuse si elle voit monter les agrégats de crédit. L'indépendance n'est donc pas en jeu : il s'agit d'élargir le spectre du *reporting*.

En même temps, cette Europe fonctionne encore trop dans le registre du chacun pour soi. Le Pacte de stabilité et de croissance ne donne pas de vision de moyen et long terme pour l'ensemble, tandis qu'il surveille trop le quotidien de chacun[1]. Le cadrage à moyen terme de l'Europe doit être davantage préparé par la Com-

---

1. *Réformer le Pacte de stabilité et de croissance*, Paris, La Documentation française, rapport au Conseil d'analyse économique, n° 52, 2004. Jean-Paul Betbèze, *op. cit.*, p. 89 : « On pourrait se trouver ainsi dans un contexte stagflationniste, dans lequel le Pacte demanderait des actions et des économies budgétaires, sinon préparerait des sanctions, tandis que la BCE ne pourrait baisser ses taux, voire menacerait de les augmenter. Il est clair que l'entrée dans cette trappe doit être autant évitée que possible, d'où l'idée de considérer une situation longue de croissance faible, très inférieure au potentiel, comme un cas où les règles du Pacte doivent être adaptées. » À l'époque, tout cela était inacceptable. Et aujourd'hui ?

mission, avec beaucoup plus de discussions avec les pays. Et, si l'on a l'idée que la recherche-développement est décisive aujourd'hui, donnons-lui un traitement à part. Et si la période dans laquelle nous entrons est celle d'une croissance faible, tenons-en compte aussi ! Inutile de serrer le carcan quand l'économie ralentit et qu'on lui mesure les conditions de sortie.

La Banque européenne d'investissement reste dans son coin, avec son capital quasiment pas libéré et son AAA trop peu utilisé, tandis que le programme de Lisbonne, celui qui devait nous faire rattraper notre retard par rapport aux États-Unis, est en panne. Nous ne mobilisons pas nos forces sur l'essentiel, tandis que nous nous occupons au Parlement européen des dates d'ouverture de la chasse des oiseaux migrateurs... ce qui en énerve ici plus d'un.

L'Europe puissance, c'est celle qui sélectionne ses terrains d'action puis, quitte à susciter des tensions, le fait pour des sujets d'intérêt vraiment commun. Le taux de change de la monnaie, la politique monétaire en fonction des prix des biens et désormais des prix des actifs, des stratégies de croissance qui motivent des déficits et mobilisent des emprunts européens : voilà sa raison d'être. La qualité de ses systèmes de financement et de régulation : voilà sa vraie solidité. Dans ce domaine, nous Français, avons des reproches à nous faire. Nous avons été trop donneurs de leçons, notre défaut favori, d'autant que nous étions souvent bénéficiaires des ajustements que nous proposions (Pacte de stabilité et de croissance). Et qu'il est difficile de convaincre si on ne donne pas l'exemple. Surtout, nous n'avons pas gagné la bataille d'idées contre la conception anglo-saxonne (marché) et n'avons pas renforcé notre alliance avec l'Allemagne. La crise actuelle rebat les cartes. Profitons-en.

POINT DE SALUT SANS L'EUROPE

C'est donc aujourd'hui qu'il faut que l'Europe parle plus haut, plus fort et plus clair. Il ne s'agit pas seulement pour elle de renforcer ses systèmes de protection, mais plus encore de les mettre au service d'une stratégie de croissance. Et cette stratégie passe par une définition plus claire de ses objectifs. Pour aller à l'essentiel, c'est tout mettre au service de la croissance dans la stabilité. Et ces choix ramassés doivent être élaborés d'abord dans une union plus forte entre l'Allemagne et la France, puis des autres grands pays. On comprend que cela peut ne pas plaire, l'Europe donnant toujours l'idée que tous les pays se valent. C'est vrai en tant que groupes d'êtres humains, pas vraiment quand on parle d'économie ou de politique. Les temps seront plus durs. Être gentil n'aide personne, car c'est être faible.

ET LES FEMMES ?

Peut-on continuer à avancer ensemble si les écarts de salaire et de carrière restent aussi importants entre hommes et femmes ? Les entreprises doivent dire comment elles paient et promeuvent les femmes par rapport aux hommes. Il semblerait qu'un tiers seulement se conforme à cette obligation légale. Or ce document d'enquête (rapport de situation comparée) permet de mesurer non seulement les écarts de rémunération entre les hommes et les femmes (rémunération médiane, taux de CDI et taux de temps partiel par sexe), mais aussi les évolutions de carrière. Il recense ainsi les nombres moyens d'heures de formation, le nombre relatif de promotions et la durée moyenne entre deux promotions par sexe.

Ajoutons que les femmes sont aussi entrepreneuses que les hommes, avec des taux de réussite très voisins sinon égaux. Ce taux de succès est d'autant plus important que ce succès des femmes se manifeste dans les secteurs porteurs de l'éducation et des services aux particuliers : une femme créatrice sur cinq y crée une entreprise, contre un homme sur douze, et y réussit dans près de 70 % des cas, comme les hommes. Pourquoi s'arrêter ici ? Pourquoi ce « plafond de verre » de la promotion et cet écart persistant des salaires ? Là, les politiques sont attendus. Ils peuvent agir, et vite. *Tous* les politiques.

Femmes et hommes créent des entreprises

| Secteurs d'activité | Répartition des entreprises créées en 2006 (en %) | | Part des femmes créatrices en 2006 | Taux de pérennité à trois ans des entreprises créées en 2002 (en %) | | |
	Femmes	Hommes		Femmes	Hommes	% F / % H
IAA	1,2	1,1	29	63	69	0,91
Industrie (hors IAA)	4,3	5,2	25	64	72	0,89
Construction	4,7	**30,5**	6	55	69	0,80
Commerce	29,1	23,3	34	61	66	0,92
Transports	1,3	2,7	16	79	80	0,99
Activités immo-bilières	4,4	4,8	27	70	73	0,96
Services aux entre-prises	21,3	20,6	29	69	71	0,97
Services aux parti-culiers	20,8	8,1	51	68	68	1,00
Éducation, santé, action sociale	12,9	3,7	59	81	83	0,98
Ensemble	100,0	100,0	30	67	70	0,96

Champ : France métropolitaine et DOM.

Source : INSEE, enquêtes SINE 2006 et 2002.

Au fond, cela pourrait nous aider, maintenant qu'on sait que l'Europe est la solution, qu'on a décidé de peser ensemble par rapport aux États-Unis et aux nouveaux grands, et que plus personne ne peut nous donner ici de leçon.

Chacun a commis des erreurs, passons ensemble aux choses sérieuses.

CHAPITRE 7

Reprenons des couleurs

Pour avancer, il ne suffit donc pas de se dire qu'on va, *enfin*, changer. C'est bien, mais un peu court. Il faut connaître d'abord nos limites « techniques » en France, ce que les économistes appellent notre « potentiel de production ». Par différence avec ce qu'il nous faut pour continuer à vivre décemment dans ce monde, ce calcul nous donne l'effort à fournir. Il faut alors voir les améliorations possibles, à quel terme, avec quelles tensions et quels bénéfices, et avec qui. Il faut donc faire la liste des secteurs à développer, des activités à soutenir, des messages à envoyer, et des économies à faire. Inutile de rêver à des remèdes miracles si l'on veut passer au travail. Inutile non plus de commencer par des discours catastrophiques, du style : nous sommes morts, ruinés, la finance mondiale est en crise, c'est 1929, c'est le Japon ! Les rêveurs sont des conservateurs de fait ; ceux qui poussent des cris d'orfraie, des conservateurs à dessein. Pendant qu'on est pétrifié... on ne bouge pas ! Il faut avancer ici et renforcer nos alliances.

Pour la France, il nous faut viser 3 %, sachant que nous sommes à 2 % en moyenne. L'effort est donc considérable, d'autant plus que nous allons actuellement vers 0 %. Il nous faut donc trouver les bons terrains et les bons axes. Évidemment, il ne suffit pas de répéter en boucle : « Travaillons plus », « Investissons davantage », « Organisons-nous mieux ». C'est vrai mais à un niveau macroéconomique, donc trop général, et surtout c'est partiellement vrai. Car

Calculons notre potentiel de croissance[1] pour l'augmenter

Selon l'INSEE, nous pouvons croître de 2,1 % par an entre 2008 et 2015, puis de 1,8 % de 2016 à 2030. Pour arriver à ce résultat, il faut tenir compte de ce qui vient du travail – autrement dit, de la croissance du nombre d'heures travaillées et de leur qualité, puis du capital ; autrement dit encore, de la progression du capital fixe productif et de sa qualité et enfin de la combinaison des deux, la productivité globale des facteurs (PGF).

Plus précisément, et aussi plus tragiquement, les calculs officiels nous disent que la contribution du travail à la croissance sera *nulle,* vous avez bien lu. Autrement dit, que les effets négatifs du nombre d'heures travaillées et des départs massifs à la retraite compenseront les gains en quantité et en qualité de la main-d'œuvre. L'investissement nous apportera 0,8 % de croissance dans la première période et 0,6 % dans la seconde. L'essentiel viendra donc de l'efficacité productive, de la qualité des organisations, de la fameuse PGF (productivité globale des facteurs) : 1,2 % de croissance tout au long de ces années.

On voit que ces chiffres nous conduisent à la crise, puisque la croissance de nos besoins de santé ne pourra que peser, pour ne prendre qu'eux, et donc détériorer une situation budgétaire qui l'est déjà passablement. Sans oublier les retraites.

Pour en sortir, on voit bien qu'il faut absolument accroître le nombre d'heures de travail, ce qui passe par la discussion sur les horaires dans les entreprises et sur l'âge de la retraite, avec le fameux travail des seniors. Pour en sortir, on voit aussi qu'il faut stimuler l'investissement, en permettant d'abord aux entreprises de faire plus de profit pour investir et en améliorant constamment leurs investissements, notamment en technologie d'information. Enfin, pour cette merveilleuse organisation sociale qui fait tout, PGF, il faut évidemment (même si ce n'est pas évident) mieux éduquer, former tout au long de la vie, pousser à l'innovation et plus encore à son utilisation. N'oublions jamais, non plus, l'aiguillon de la concurrence nationale et internationale, faute de quoi on s'endort, mais pas les autres.

1. Philippe Aghion, Gilbert Cette, Élie Cohen, Jean Pisani-Ferry, *Les leviers de la croissance française*, Paris, La Documentation française, rapport au Conseil d'analyse économique, n° 72, 2007.

À partir de ce schéma, on voit comment mécaniquement stimuler la croissance : plus de travail efficace, plus d'investissement moderne, un meilleur cocktail formation-dialogue social. Certains experts ont même calculé ce qu'on pouvait en attendre : + 0,2 % côté emploi, + 0,25 % côté investissement avec la diffusion des nouvelles technologies, et autant, soit + 0,25 % avec la productivité globale des facteurs. Disons donc que nous pouvons avoir 1 % de croissance de plus, soit 15 à 20 milliards d'euros supplémentaires en faisant jouer ces trois tiers : emploi, investissements, organisation. Ajoutons qu'il s'agit là de résultats prévisionnels, ce qui signifie qu'il faut viser plus haut : 0,5 % dans chaque registre. Moralité, nous allons « normalement » vers 2 % de croissance, puis moins. Mais nous pouvons « faire » 3 %.

nous allons penser, Français que nous sommes, qu'il s'agit là de pieuses incantations – politico-patronales, bien sûr. Or il s'agit là de domaines bien réels où nous devons exercer avec succès nos projets de changements. Et ils ne manquent pas. Pour être bien au clair, il faut se dire : « Nous allons travailler plus dans le secteur privé pour vendre plus avec profit, en France et dans le vaste monde. » Et pas seulement : travailler plus pour gagner plus. Ce travail supplémentaire est un prérequis, mais il doit être à la fois productif et rentable. C'est dit.

C'est dit, mais ce n'est pas tragique : changer n'est pas seulement un exercice obligé, un temps de souffrance, une contrainte, une punition. Changer, c'est intéressant et motivant. C'est aussi un exercice de découverte et de maîtrise de soi. C'est un exercice d'explication sur ce que nous avons fait, devons faire. C'est un exercice de conviction, interne et externe.

Changer est inquiétant, vous disent certains, puisque le terrain est nouveau, mais excitant aussi, puisque le terrain est nouveau ! Il ne faut pas présenter le changement comme la rançon du progrès technique, la malédiction de l'internationalisation, ou le dernier rempart contre la misère. C'est l'impérieuse nécessité d'accomplir des actes utiles, là où nous sommes, pour nos proches, le pays où nous vivons, nos enfants... et aussi pour nous-mêmes. Changer, c'est aussi se changer.

Changer n'est pas non plus un retour au passé, avec ses plans, ou encore une critique du libéralisme, avec ses travers. Les Plans anciens d'après guerre ne peuvent plus fonctionner, car nous ne détenons plus les manettes dans un monde ouvert et complexe. Le libéralisme européen n'est pas en cause, mais plutôt sa forme (dominante) anglo-saxonne. Cela ne veut pas dire que nous n'avons pas besoin d'axes, de visions, d'éclairage sur le futur. Au contraire, la commission 2025 d'Éric Besson est exactement ce qu'il faut faire[1].

France 2025 : les 8 thématiques

1 / Mondialisation, Europe : définir les principaux scénarios de la croissance mondiale à l'horizon 2025. Il s'intéresse aussi bien à la nouvelle hiérarchie des nations (émergence de nouvelles puissances, monde bipolaire, multipolaire...) qu'aux grandes tendances de l'économie de demain (globalisation, régionalisation, montée du protectionnisme...) ou aux évolutions envisageables dans les sphères financière et monétaire (naissance de nouvelles monnaies...). Le groupe s'interroge enfin sur une question essentielle : les moyens de « réguler » la mondialisation.

2 / Production et emploi : identifier les voies à prendre pour que notre système productif reste le plus solide possible, capable non seulement de résister aux chocs éventuels, mais aussi de tirer parti des évolutions lourdes qui nous attendent d'ici 2025.

3 / Création, recherche et innovation : grandes tendances internationales quant à la localisation des activités de recherche, comme les efforts croissants accomplis par certains pays émergents, le rôle des entreprises transnationales, la structuration géographique autour de grands pôles spécialisés.

4 / Vivre ensemble : étant donné les évolutions technologiques, économiques, financières..., comment allons nous réussir à « *former société* », et selon quelles modalités ?

---

1. Éric Besson, *France 2025. Diagnostic stratégique*, octobre 2008.

5 / Risques et protection : apporter une vision globale de la protection à partir de ce que seront les risques et les technologies dans quinze ans.

6 / Ressources rares : quelles seront les menaces et les opportunités globales ? Quelle vision particulière faut-il avoir sur chacune des ressources rares comme l'énergie, les matières premières, l'eau, la biodiversité ? Quelles régulations faut-il mettre en place et, question tout aussi déterminante, à quel niveau ?

7 / État et services publics : quels sont les scénarios envisageables pour l'État et les services publics d'ici 2025 si on prolonge les tendances actuelles ? Dans ces conditions, quels scénarios cibles pourraient être dessinés et sur quels leviers jouer ?

8 / Technologies et vie quotidienne : questionnement par grandes fonctions de la vie quotidienne (par exemple : la santé, l'habitat, la ville...).

Le décor est planté. Commençons. Reprenons des couleurs !

LE VERT DE L'AVENIR

De tristes vérités d'abord : les temps à venir seront ceux de la pollution croissante, puisque la croissance va se poursuivre. Car elle va le faire encore selon des logiques industrielles (Chine, Inde, Vietnam...), pas vraiment de services, tandis que les effets des optimisations énergétiques ne se feront pas encore sentir. Comme on dit aux États-Unis : ça ira plus mal, avant d'aller mieux *(it will get worse before it gets better)*.

Heureusement, cette triste évolution peut être réduite car elle offre un marché : le vert. C'est un marché énorme : celui de la maison à équiper, rééquiper ou construire, des usines et des bureaux à revoir, des éoliennes à installer, des économiseurs d'eau, des panneaux solaires... Plus de 400 milliards ! Nous y sommes déjà très présents. Nous ne pouvons nous développer en France qu'en étant moins tributaires de l'énergie importée et en offrant notre expertise aux pays plus ou moins développés qui veulent entrer dans cette logique ou l'accélérer. Encore une fois, ici comme ailleurs, n'opposons pas le marché intérieur avec ses besoins aux marchés extérieurs, avec leurs impératifs. Si nous sommes « bons » dedans, nous le serons dehors ! Et nous le sommes.

La France doit devenir le leader vert du monde, celui où la conscience écologique est la mieux affûtée, avec les produits, les services et les raisonnements qui vont avec. Cela n'est pas un vœu pieu ni une incitation planiste, mais la suite d'avantages relatifs que nous avons déjà, avec en sus l'idée d'en prendre conscience, de les regrouper dans nos têtes et dans nos ambitions. Les « dotations en facteurs », les héritages, c'est fait pour être valorisé.

Par exemple, si une maison HQE (Haute qualité environnementale) vaut plus cher qu'une autre, il faut savoir de combien et pourquoi. Il faut mesurer et améliorer son double bilan économique et écologique, l'optimiser, et passer à l'acte. C'est-à-dire aider au lancement et au financement de ces nouveaux produits, en mobilisant des producteurs, des financeurs en *private equity* (en fonds propres) et aussi des banquiers. Il en est de même pour l'automobile, les transports en commun ou la ville. La domotique, cette entrée de l'informatique dans la maison, doit être plus et mieux étudiée, présentée et appliquée. Les lieux publics, les écoles, les mairies, les hôpitaux doivent devenir les lieux de présentation et d'expérimentation des nouveaux produits et plus encore d'initiation aux nouveaux comportements qu'ils impliquent. Cela ne veut pas dire « aux frais du contribuable », mais plutôt que, lorsque l'analyse coût-avantages a montré l'intérêt d'un changement, il appartient aux entités publiques d'en ouvrir la voie. Ce sont bien ces lieux publics qui doivent utiliser des lampes à basse consommation, optimiser les surfaces ou les techniques de chauffage. *Facilities management* est le mot anglais de la chose, à traduire si l'on veut, à appliquer surtout.

Cette nécessité du vert est encore plus forte si on n'oublie pas que la France a une avance nucléaire. C'est notre grand consensus. Or nombre de pays sont en train de relancer leur nucléaire civil pour être moins dépendants du pétrole et du gaz, à la fois en termes économiques et politiques. La France est aussi aux meilleures places pour la cogénération et les énergies renouvelables, dont l'hydraulique. Les entreprises françaises ont réduit de plus d'un cinquième leurs émissions à effet de serre, ce qui les place au premier rang des grands pays développés.

Trois chiffres parlent d'eux-mêmes dans ce nouvel espace de la verte croissance : notre intensité en carbone (exprimée en tonnes de CO_2 par millions de dollars de PIB) est la moitié de l'américaine, les trois quarts de l'allemande, de l'italienne ou de la finlandaise. Nos voitures sont nettement plus propres que celles d'Allemagne ou du Japon, meilleures que celles des États-Unis, voisines de l'Italie, pays des petites cylindrées. La part des énergies renouvelables est de 7 % dans notre consommation nationale. C'est loin des 30 % suédois ou des 23 % finlandais, mais n'a rien à voir avec le 5 % allemand, le 3 % hollandais ou le 1,5 % anglais. Les voisins du Nord sont plus vertueux que nous.

La France est déjà un pays vert par comparaison à ses voisins. Ces résultats montrent notre expertise et le changement de nos attitudes. Il n'y a aucune raison pour nous laisser culpabiliser par des verts professionnels (et politiques) qui ne voient pas (ou ne veulent pas voir) que le vert implique plus de modernité, plus de science, plus d'utilisation de la biologie ou de matériaux composites, avec des comportements responsables et sophistiqués. Le vert moderne est le seul. Ce n'est pas celui de la « décroissance », ce refus du progrès (et de la vie) qui revient périodiquement[1], ou d'une altercroissance dont on ne voit pas la logique, sinon la peur. Or la peur ne fait pas disparaître le risque, elle l'accroît.

Le vert n'est pas le monopole de la gauche (pas plus que celui du cœur), et il doit se développer à droite. Il doit devenir accessible à tous car il est du devoir de tous, même si les entreprises ont été trop lentes à s'y adapter. L'explication vient surtout des coûts des changements,

---

1. John Stuart Mill, *Principes d'économie politique*, Paris, Guillaumin, 1873.

comparés à une rentabilité attendue faible, en tout cas lointaine. En face, les nouveaux marchés verts n'étaient pas ouverts. Tel n'est plus le cas. Il faut cesser de freiner les nouvelles technologies énergétiques (EPR, *European Pressurized Reactor,* réacteur à eau pressurisée, en premier lieu) et cesser plus encore de glorifier nos arracheurs de maïs transgéniques, comme des défenseurs de notre santé ! En réalité, ils ralentissent les expérimentations et poussent aux nouvelles productions et aux nouvelles compétitivités agricoles, hors de France. Ils font partir nos chercheurs et ferment nos débouchés agricoles.

Ce vert va ouvrir le vaste domaine des éco-industries. La France y a des positions de tout premier plan, que ce soit dans le traitement des déchets et des eaux usées, dans l'approvisionnement en eau, dans la gestion des sols, dans le repérage et la lutte contre la pollution de l'air. À titre d'exemple, pour l'eau, les déchets et les énergies renouvelables, nos entreprises font entre le quart et le cinquième du chiffre d'affaires européen. Tout cela n'est-il pas bien plus qu'un point de départ ?

Et quand s'ouvre le débat sur l'environnement qui conduit au « Grenelle » des 24, 25 et 26 octobre 2007, y a-t-il une « manip » politique, comme on dit si souvent, ou (aussi) un vrai dialogue entre partenaires ? Des partenaires qui ne sont pas seulement économiques et sociaux, mais qui prennent aussi en compte une dimension écologique. Cessons, chaque fois qu'une avancée a lieu, de ne pas y croire ou de la lire comme de la « politique politicienne ». C'est faux, pour la bonne raison que les entreprises ont vu que la situation a changé avec les nouveaux prix des énergies, les nouveaux modes de production et les nouvelles demandes des clients. Les hommes politiques ont aussi compris que l'écologie est un mouvement social, plus une mouvance politique. L'écologie, c'est nous tous !

En lisant ces travaux du Grenelle (et en ayant écouté les participants), on se dit que tout cela est lent et complexe. Pourquoi ne pas le simplifier, si on veut le faire assimiler par la population ? Attention à la façon de traiter les déchets, mais pourquoi ne pas essayer de changer d'abord les comportements, avant d'inventer de nouvelles taxes ? En théorie, il faudrait qu'elles soient telles qu'elles fassent

*Lire le Grenelle de l'environnement,
24, 25 et 26 octobre 2007*

Lutter contre le changement climatique :

— accélération des progrès sur le bâtiment (bâtiments publics, HLM, bureaux, bâtiments neufs, rénovation) ;
— changement de stratégie dans les transports (nouvelles infrastructures, transports publics, progrès pour les véhicules particuliers) ;
— urbanisme plus efficace et plus équitable (rénovation des centres-villes et lutte contre l'étalement urbain) ;
— réduire les consommations et le contenu en carbone de la production (bilan carbone énergie, eau-déchets-transports, des entreprises publiques ou privées de plus de 50 personnes ; étiquetage énergétique ; recherche d'économies) ;
— nouvelle impulsion à la recherche et plan d'adaptation au changement climatique.

Préserver et gérer la biodiversité et les milieux naturels :

— arrêter la perte de biodiversité et conforter la richesse du vivant (développer la trame verte des surfaces agricoles et la trame bleue des cours d'eaux et des lacs, mieux gérer le littoral) ;
— retrouver une bonne qualité écologique des eaux et en assurer le caractère renouvelable ;
— des agricultures diversifiées, productives et durables (réduction des engrais, bio-agriculture) ;
— un cadre rigoureux et transparent pour les OGM et les biotechnologies (renforcer la recherche et développer les règles de coexistence, avec ou sans OGM, dans la production et la consommation).

Préserver la santé et l'environnement tout en stimulant l'économie :

— mieux connaître, encadrer et réduire l'usage des substances à effets nocifs (REACH) ;
— améliorer la qualité de l'air extérieur et de l'air intérieur aux bâtiments ;
— lutter contre le bruit excessif (traiter les points noirs bruit) ;

123

— risques émergents, technologiques et nanotechnologiques ;
— prévention des déchets et des polluants liés comme avantage compétitif pour les entreprises et les territoires (le meilleur déchet est celui qu'on ne produit pas !).

Instaurer une démocratie écologique :

— reconnaissance des partenaires environnementaux (Conseil économique et social) ;
— instaurer une stratégie nationale de développement durable validée par un parlement intégrant davantage la dimension environnementale et le développement durable ;
— faire des collectivités territoriales des acteurs essentiels de la définition et de la mise en œuvre des politiques de développement durable ;
— les pouvoirs publics doivent être exemplaires et promouvoir des décisions publiques s'inscrivant dans la perspective d'un développement durable ;
— une gouvernance écologique pour les acteurs économiques et sociaux : citoyens et consommateurs responsables : éducation, formation et information ;
— impulser des évolutions nécessaires en Europe et à l'international.

disparaître les comportements pollueurs. Autrement, elles accompagnent plutôt de « mauvais penchants », comme pour le jeu ou l'alcool. Mais il ne s'agit pas ici de « taxer le vice » mais de changer de mode de vie, sachant que nous en serons, et vite, les tout premiers bénéficiaires. Sachant aussi que *1 %* de nos établissements industriels est certifié ISO, un peu moins qu'aux États-Unis, contre 2 % en Allemagne, 3 % en Chine (!), 5 % en Suède et 8 % au Japon. Voilà ce qui nous reste à faire. Sachant enfin que cette certification s'accompagne d'une réduction immédiate des prélèvements d'eau de l'ordre de 8 %[1]. Le vert paie toujours, parfois vite.

1. Nicolas Riedinger, Céline Thévenot, La norme ISO 14001 est-elle efficace ? Une étude économétrique sur l'industrie française, *Économie et statistique*, n° 411, septembre 2008.

LE DORÉ DES CHAMPS

La France est une terre d'excellence agricole qui a toujours quelque réticence à en tirer parti et quelque gêne à en parler (tournures...). Pourquoi donc ? Le Salon de l'Agriculture est, pour nous, ce lieu où le président de la République fait un marathon gustatif, tout en flattant le cul des vaches. Mais c'est aussi celui où s'exposent les dernières avancées de la recherche en matière d'animaux, plantes, forêts et traitement des eaux... C'est là que se montrent les derniers progrès en matière d'outillages et d'équipements. C'est un salon de l'auto qui porte sur du vivant. Pourquoi ne pas s'intéresser à ses prouesses, souvent très compliquées à réaliser, à dupliquer et, plus encore, à maintenir dans la durée ?

Agriculture : 4 % de la richesse et 5 % de l'emploi français

Quantitativement, l'activité agricole au sens large, c'est près de 4 % de la richesse annuelle produite en 2007 en France et 5 % de l'emploi. C'est aussi un excédent commercial de près de 11 milliards d'euros (8,5 milliards en moyenne sur les dix dernières années), soit plus de 10 % de nos exportations, à comparer à un déficit extérieur annuel qui approche les 40. Plus précisément, la production au prix de base de l'agriculture française, c'est près de 70 milliards d'euros et sa valeur ajoutée brute plus de 37 sur un PIB de 1 900, soit près de 2 % de l'ensemble. Si l'on y ajoute les 29 milliards d'euros de valeur ajoutée des industries agricoles et alimentaires (IAA), nous avons ainsi un poids économique qui atteint 3,5 % du PIB.

La branche agricole, c'est ainsi 1,4 fois la richesse produite par la branche des biens de consommation, 1,4 fois celle des biens d'équipement, 6 fois celle de l'automobile. Ce sont 450 000 exploitations et 3 000 entreprises agroalimentaires. C'est aussi plus de 1 million d'emplois (en équivalent temps plein) dans l'agriculture et 550 000 dans les IAA sur un total de plus de 25 millions, soit 5 % de la population active.

Mais, pour son malheur, l'agriculture est vue comme un « secteur » ou une « branche » – bref, un morceau ; pis, un morceau ancien. Cette division est plus un héritage de l'histoire que de l'analyse économique : au début était l'agriculture, puis vinrent le secondaire industriel, le tertiaire des services marchands, en attendant le quaternaire des services sophistiqués. L'agriculture est le début de tout, diront les bonnes âmes, mais le début est par construction ce qui est le moins avancé, feront remarquer les autres ! Les deux ont tort. Car qui peut prétendre que l'agriculture peut se passer des équipements du secondaire, de la comptabilité du tertiaire, de la recherche et des nouvelles techniques de communication du quaternaire ? En fait, la branche agricole réunit des milliers d'entreprises et d'entrepreneurs modernes. Nécessairement, ils savent que les évolutions commerciales, technologiques, financières et scientifiques sont décisives pour leur futur, qui n'est pas loin d'être celui du pays et de la planète, parce qu'ils sont à la jonction du vivant et du technique.

En effet, au moment où de plus grands espaces sont à portée, des innovations à développer, des richesses à produire, des marchés à créer et conquérir, la France ne dispose pas de tant de branches qui ont à la fois cette capacité technologique et organisationnelle de développement. Pourquoi donc ne pas la soutenir ? Les fenêtres d'opportunité de cette taille ne restent pas longtemps ouvertes. Ajoutons que personne ne pourrait comprendre non plus, au moment où les pays émergents sortent de leurs difficultés et où des millions d'êtres peuvent commencer à exister, que l'agriculture française ne contribue pas à ce tournant de l'humanité[1].

1. Passions céréales, *Les entretiens Grandes Cultures - Société,* Jean-Paul Betbèze, *France 2030 : pour une stratégie de croissance avec l'agriculture,* 2008.

Quant aux aides à l'agriculture, si critiquées par nos amis anglais, il faut reconnaître que c'est la seule politique pleinement européenne (d'où l'importance des sommes en jeu), qu'elle a évolué au cours des ans et permis non seulement d'assurer l'autonomie alimentaire de l'Europe, mais aussi de lui donner une place décisive dans le monde. Et cela quand les pays émergents peuvent accéder à des produits de meilleure qualité. Faut-il arrêter une stratégie de trente ans au moment où elle manifeste pleinement son succès ?

Au moment où elle montre qu'elle peut produire plus, mieux, et stabiliser les cours, ce qui est essentiel dans le domaine agricole. La malédiction agricole, c'est la loi de King[1], cet économiste du XVIIᵉ siècle qui observe que les prix du blé augmentent bien plus que les baisses de production et symétriquement. La stabilisation des prix n'est donc pas du protectionnisme ; la PAC (Politique agricole commune), un outil dépassé. Il est toujours d'actualité, de plus en plus même quand on voit la volatilité qui secoue aujourd'hui les prix des *commodities*. L'Europe agricole est donc plus à même de répondre aux demandes qui croissent, mais à condition de ne pas désarmer les régulations qui sont consubstantielles à cette activité et de renforcer ses entreprises.

LE GRISÉ DES TEMPES[2]

Tous les économistes (peut-être ne sont-ils pas les seuls) vous le diront : avec le temps, nous vieillissons. Nous vieillissons de mieux en mieux, c'est même l'idée que nous en avons ! Et nous entendons poursuivre dans cette voie, autant et aussi longtemps que possible. C'est une immense chance et un immense marché. C'est une immense source de richesse inexploitée, côté offre.

Il le faut, parce qu'il s'agit de libérer des capacités de travail, qui bien souvent ne demandent que ça, pour accroître notre capacité productive. N'oublions pas que la composante « travail » que les experts prévoient pour notre croissance future est quasiment nulle. Cela est inacceptable.

1. Voir Jean-Marc Boussard, *Introduction à l'économie rurale*, Paris, Cujas, 1992.
2. Antoine d'Autume, Jean-Paul Betbèze, Jean-Marc Hairault, *Les seniors et l'emploi en France*, Paris, La Documentation française, rapport au Conseil d'analyse économique, nº 58, 2006.

Combien de seniors (55-64 ans) travaillent ?

En %	1996	2000	2007	De 1996 à 2007
Allemagne	37,9	37,6	51,5	+ 13,6
Espagne	33,2	37	44,6	+ 11,4
France	29,4	29,9	38,3	+ 8,9
Italie	28,6	27,7	33,8	+ 5,2
Royaume-Uni	47,7	50,7	57,4	+ 9,7
Suède	63,4	64,9	70	+ 6,6

Source : INSEE, Eurostat. Ce taux d'emploi est obtenu en divisant le nombre de personnes occupées entre 55 à 64 ans par la population de la même tranche d'âge.

Faire travailler les seniors, c'est d'abord possible, puisque le pourcentage français de seniors qui travaillent est très faible, presque un niveau italien. Rhénans, Anglo-Saxons et Scandinaves sont loin devant ! Il faut ensuite leur dire, les préparer et leur donner des incitations ; en termes clairs, il faut qu'ils aient intérêt à le faire ! Il faut en même temps préparer les entreprises, avec la mise au point de carrières plus longues, assorties de nouvelles trajectoires. Cela ne veut pas dire des *boulots pépés et mémés,* comme certains avaient déjà parlé de *petits boulots* ! Il n'y a guère qu'ici qu'on ose traiter ainsi le travail de quelqu'un. Tout travail est économique, social, humain. Le mépriser, c'est mépriser la personne qui le fait. Et personne n'en sort grandi.

Pour avancer dans des trajectoires salariées plus longues, il faut examiner par exemple les travaux de précision ou ceux où le temps de préparation est élevé, par rapport à une composante de réactivité. Il faut chercher des travaux plus relationnels, au contact de la clientèle, où l'expertise humaine a toute sa place. Bref et sans donner dans les bons sentiments, les seniors ont, du fait de leur âge, des points forts et des points faibles. Les premiers sont relationnels et les seconds technologiques, avec l'utilisation des ordinateurs, programmes et nouvelles machines pour laquelle ils peinent bien souvent (je sais de quoi je parle !).

Surtout, rien n'est possible sans incitations, sans repousser ou supprimer l'âge maximal de retraite, sans permettre (sans limite) le cumul emploi-retraite, sans inciter à rester plus longtemps à son travail, sans désinciter à le quitter plus vite. À la clef, si on augmente le taux d'emploi des seniors de 5 points de pourcentage, 400 000 personnes supplémentaires travaillent, ce qui représente, en tenant compte de travaux à temps partiels, au moins 300 000 emplois.

Et si la croissance faiblit et que le taux de chômage augmente, qu'on ne vienne pas nous redire qu'il vaut mieux employer des jeunes que des seniors ! Il y en a du travail, et il y en aura pour tous, dans ce vaste monde qui continue de croître à plus 2 % l'an par temps de grave crise mondiale, après plusieurs années à 5 % ! Et si on veut développer de nouvelles activités, notamment de services, qu'on ne fabrique pas la raréfaction de la main-d'œuvre !

Encore une fois, cette thèse si française du « partage du travail » est celle qui fonde les 35 heures et fait baisser l'âge de la retraite. Cet « éloge de la paresse », désormais appliqué, diminue la part de marché mondial du travail France, tout en le renchérissant. Et si en même temps on veut stimuler l'économie avec la fameuse « relance par la consommation », la messe est dite. Moins de travail compétitif français est disponible, au moment où augmente la demande de biens et services – autrement dit, de travail ! On sait comment cela finit : par l'importation de travail extérieur et la destruction de travail domestique.

Le fameux dossier des retraites trouve alors une part de sa solution. Au-delà de la complexité technique que nous adorons, il est bibliquement simple. Les retraites par répartition sont coïncidentes : l'activité des uns finance la « non-activité » des autres. Si on fait que la première baisse, en organisant ou laissant faire une moindre compétitivité du travail France, tandis qu'on pousse au départ en retraite, l'écart mathématique se creuse. Moins cotisent pour moins, plus attendent pour plus. Ils ne seront pas déçus !

La retraite par répartition est l'inverse d'un « avantage acquis » : c'est un transfert permanent, constamment affecté par les changements économiques. Il faut donc examiner les paramètres de ce fragile « équilibre » mouvant : les cotisations des uns, en taux et durée ; les bénéfices des autres, en taux et durée. Le rééquilibrage qui se met en place consiste à demander à tous de cotiser plus et plus longtemps (lois Fillon). Cela concerne, bien sûr, les salariés du privé et, bien sûr aussi, du public, désormais avec les taux du privé côté cotisation et côté pension. Au fur et à mesure qu'on a des données sur l'évolution de notre durée de vie, il faut revoir les paramètres de l'équation. Il faut alors demander plus de cotisation et/ou revoir le taux de remplacement. Évidemment ce ne sera pas facile, même si chacun sait qu'il n'y a pas de solution miracle autre qu'un nouvel équilibre à trouver. Il doit être assez robuste pour tenir quelques années, puis ouvrir à de nouveaux ajustements, et ainsi de suite. Mais cela n'est pas démographique, économique. C'est politico-syndical, nous dit-on ! Ne peut-on donc pas l'expliquer, sans demander aux « patrons » de payer... dans un système par répartition ?

C'est alors que d'autres chantiers vont s'ouvrir, le renforcement de la composante capitalisation et celui des modulations des pensions de retraite. Bonne chance ! Pourquoi donc la retraite serait-elle constante, alors que le profil de dépense du retraité change ? Au début, il entend voyager, donc dépense beaucoup. Ensuite il se sédentarise davantage, donc dépense moins, tout en restant en bonne santé. Quand viennent les maux de l'âge, il entend rester le plus longtemps chez lui, quitte à aménager son logement, avant d'aller dans des maisons de retraite, puis dans des lieux de soins. Il dépense (et coûte) alors beaucoup plus.

Dans une société en vieillissement accéléré, il faut aborder ces sujets sans tabous. Oui, il faut travailler plus et plus longtemps. Oui, il faut que les entreprises s'y préparent et forment mieux leurs personnels, en fonction de l'évolution des demandes et des différents postes, avec une variété de carrières accrue. Oui, il faut voir comment peut changer le profil de pension du retraité, en fonction de son profil de dépenses et de besoins, en renforçant les volets assurance et prévention. Certes, les dépenses de santé vont augmenter dans une société vieillissante, mais ce n'est pas là une mécanique. Le fait qu'il s'agit d'une des questions les plus complexes implique qu'il faut la poser au plus tôt, en innovant. Les banques et les assurances sont là, comme les réseaux de soins et les nouvelles technologies de dépistage des maladies et de surveillance. Pourquoi donc ne pas avancer sur ces questions ? Pour nous et les autres ?

LE BLEUTÉ DES VILLES

Le Français est urbain dans trois quarts des cas. Même s'il rêve de construire des maisons à la campagne, il comprend que ses villes sont moins polluantes et moins chères (regardons les coûts des transports). Bientôt les tours vont revenir, à partir de succès esthétiques et pratiques à La Défense ou Porte de Versailles (et d'une fiscalité urbaine plus incitative ?).

Cette fois, il est vraisemblable qu'on va éviter les tours ghettos de nos banlieues pour aller vers des tours intégrées, avec bureaux, appartements et centres commerciaux. Bien sûr, nous aurons vite de nouveaux romans traitant de ce nouvel enfermement, mais au moins nous n'aurons pas la coupure Paris-93. (Prononcer : neuf, trois.)

Le Grenelle de l'environnement (encore lui !) ne s'y est pas trompé. Il note que « l'éloignement de l'habitat conduit à des difficultés d'accès aux services et aux équipements publics. Intervenir en la matière contribue de façon essentielle à assurer l'égalité sociale aux populations concernées, souvent moins aisées, ainsi qu'à réduire la vulnérabilité des territoires. » D'où l'idée de réhabiliter. Allons-nous en profiter pour ranimer les centres-villes et concevoir des plans urbanistiques plus larges ? Allons-nous en profiter pour simplifier nos structures de multidécisions (villes, communautés urbaines, départements, régions, communautés de pays...) qui font

qu'il est terriblement compliqué de réunir les partenaires financeurs, et plus encore de les faire converger dans des choix ? Et
quand c'est compliqué, c'est toujours plus cher et toujours plus
tard. Meilleur exemple : le « Grand Paris ».

LE PASTEL DU *LOW COST*

Pourquoi *pastel,* parce que ce n'est pas de la peinture à l'huile,
donc que c'est moins cher, et que les couleurs sont agréables, car
plus douces. Dans un temps où les questions de pouvoir d'achat et
d'emploi reviennent en force, c'est un vrai changement. Comme dit
Charles Beigbeder[1] : « Il s'agit d'un véritable modèle novateur qui
permet, grâce à la compression des coûts de production, de faire
baisser durablement les prix... L'offre *low cost* a bénéficié non seulement d'une demande contrainte par un pouvoir d'achat limité,
mais également d'un consommateur plus alerte, averti et sophisti-
qué, qui n'hésite désormais plus à faire des achats "malins". Le *low
cost* ne se limite pas au marché du plus démuni. En effet, le *low cost*
n'est pas réservé à un segment précis de population et touche même
parfois des catégories aisées qui redéfinissent leur rapport aux prix,
aux marques et même parfois leur attitude vis-à-vis de la société de
consommation. »

Le *low cost* n'est pas un comportement d'épargne : « J'achète
low cost pour épargner plus », mais de déplacement de pouvoir
d'achat. « À budget donné, je vais faire plus. » J'utilise des lignes
d'avion *low cost,* des hôtels, des marques de distributeurs, puisque
ce qui m'intéresse c'est ce qu'il me faut, pas plus. Un transport de
qualité et sûr, une chambre propre pour dormir... mais plus de
nuits, ou pour dépenser plus ailleurs.

---

1. Charles Beigbeder, *Le* low cost : *un levier pour le pouvoir d'achat,* rapport au
secrétaire d'État chargé de la Consommation et du Tourisme, décembre 2007.

Dépenses importantes ou en hausse : les deux espaces du low cost				
	Variations en volume			*Coefficients budgétaires*
	2003	*2004*	*2005*	*2006*	*2006*
Alimentation et boissons non alcoolisées	1,1	1,5	1,2	0,9	10,5
dont produits alimentaires	0,6	1,6	1,0	0,8	9,7
Boissons alcoolisées et tabac	− 7,8	− 9,5	− 0,7	1,6	2,3
Articles d'habillement et chaussures	3,4	1,4	0,4	0,7	3,6
Logement, chauffage, éclairage	3,1	2,7	2,2	2,5	19,4
Équipement du logement	2,3	3,6	2,3	1,6	4,6
Santé (dépenses à la charge des ménages)	2,6	5,8	4,6	3,9	2,6
Transports	− 1,2	2,0	1,3	0,0	11,3
Communications	8,5	5,6	6,6	10,2	2,2
Loisirs et culture	4,6	6,6	4,8	5,2	7,2
dont appareils électroniques et informatiques	10,6	18,4	16,2	16,1	1,7
Éducation (dépenses à la charge des ménages)	3,4	2,5	3,6	4,0	0,6
Hôtels, cafés et restaurants	1,5	0,6	0,6	1,5	4,8
Autres biens et services	2,5	2,0	2,2	2,3	8,6

Source : INSEE 2007.

C'est pour cela qu'il faut encourager le *low cost*, qui est en fait une offre *basics*. L'essentiel, pas plus. Ce n'est pas une approche minimaliste, voire rustique, mais la combinaison de filières de demandes souvent sophistiquées. Internet est au centre du choix, avec la désintermédiation des réseaux de vente traditionnels. Avec Internet, s'ouvre aussi la possibilité de jouer sur le temps : je vais partir en voyage, en vacances... quand les autres en reviennent. Je bénéficie alors de prix favorables et assure à l'hôtelier ou au voyagiste la couverture de leurs frais fixes. Le *yield management,* en fait une façon de faire varier les prix en fonction du temps, est essentiel. Les premiers ne sont pas les derniers en avantages, au contraire !

Il faut que tout le monde joue le jeu. Que l'opérateur facture moins cher quand l'achat se fait par le Net, que la gestion des prix d'achat en fonction des époques soit « différenciante », que l'hôtesse de l'air nettoie la cabine (et propose des produits ou prestations annexes), que le coiffeur fasse des coupes standard (et propose des produits ou prestations annexes), que les prix des aéroports baissent... Bref, pour déplacer ce pouvoir d'achat, il faut que chacun participe au déplacement de son *business model.* Ce qui est en jeu : 5 % du revenu des Français. Et l'emploi et la croissance qui va avec.

LE BLEU DU TOURISME

Pour des raisons très françaises, le secteur du tourisme est décrié. Pas autant que l'agriculture, mais presque. Il n'aurait pas la « noblesse » des industries de pointe, l'allure des grandes dames de l'industrie. Les touristes nous envahissent et font monter les prix quand ils sont sur nos plages. Ils nous désertent quand on ne les voit plus. Français = jamais contents !

Peut-être ce secteur est-il victime de son hétérogénéité, allant du gîte rural à la chaîne hôtelière internationale. Mais on oublie trop vite que le nombre de nos secteurs économiques excédentaires en commerce extérieur est limité et que ceux qui emploient 1,5 million de personnes ne sont pas légion. Peut-on ajouter que la France est première au monde pour le nombre de ses visiteurs (autour de 80 millions, soit presque 10 % du total mondial) ? Peut-on dire qu'elle a permis la naissance de groupes de taille mondiale (Novotel ou Club Méditerranée), qu'elle a inventé nombre de concepts touristiques (locaparts, gîtes ruraux...) ? Peut-on dire que tous ces services sont sophistiqués, demandent des savoir-faire multiples, recourent aux nouvelles technologies, avec plusieurs langues ? Peut-on ajouter que le tourisme est un exercice d'écoute des différences, d'inventivité, de subtilité et d'animation d'un patrimoine séculaire ?

En même temps, ce domaine est de plus en plus concurrencé. Normal. Des pays se développent dans ce domaine, d'autre s'ouvrent (enfin) et sont à découvrir. Mais la France n'arrive pas à « extraire » suffisamment de dépense touristique des touristes qu'elle attire. Elle est au troisième rang mondial pour les recettes totales, mais au vingt-deuxième pour la dépense par touriste. On comprend que les temps sont plus compliqués pour tous, mais il s'agit ici d'investir et d'innover. Il faut, pour vraiment vanter la France à l'étranger, optimiser sa chaîne touristique : hôtels à rénover pour répondre aux nouvelles demandes (espace, informatique, salles de gym, spas, salles de conférence...), personnels à former, dépenses des villes et des régions à optimiser sur des sites iconiques. Versailles est unique au monde, mais est-il assez, et bien, vendu ? Et que dire des autres châteaux, musées, sites ? À chacun son pétrole. Celui-ci n'est pas sous nos pieds mais devant nous, à développer absolument, et surtout sans complexe ! Là aussi, nous avons de la croissance à gagner.

Les chiffres du tourisme français : qui dit mieux ?

— la France a reçu 79 millions de touristes en 2006, 1er pays du monde, l'Espagne 58,5 et les États-Unis 51. Les recettes de tourisme sont les plus importantes aux États-Unis (85 milliards), puis en Espagne (51 milliards) et en France (46 milliards) ;

— un commerce extérieur excédentaire. Les dépenses en France de visiteurs étrangers sont d'environ 37 milliards d'euros en 2006 (+ 4,3 %) et les dépenses à l'étranger de Français de 24,8 milliards d'euros (+ 1,2 %) ;

— une consommation touristique totale de plus de 112 milliards d'euros, soit 6,3 % du PIB ;

— 203 000 entreprises, 68 milliards de chiffre d'affaires, 28 milliards de valeur ajoutée ;

— 894 000 emplois salariés, équivalant à 661 000 emplois à temps plein sont générés par la présence de touristes ;

— les hôtels, cafés et restaurants emploient 850 000 salariés et 170 000 non-salariés.

Source : Chiffres clés du tourisme, édition 2007.

LE GRIS BLEU DE LA LOGISTIQUE[1]

Agriculture, PME, tourisme, et maintenant entrepôts ! Mais nous, Français, voulons des labos, des centres expérimentaux, du *high-tech,* du *high-tech,* du *high-tech* ! Vous les aurez... mais comment ferons-nous si nous ne savons pas bien expédier nos merveilleuses machines, ni faire entrer à temps et en bon état leurs composants ? Oui, il faut des entrepôts, des systèmes de tri et d'emballage, des manutentionnaires et des caristes, sans oublier des responsables d'organisation des transports, des conducteurs routiers et des chauffeurs-livreurs.

Et cet univers que l'on voit sur les routes avec les gros c...amions, ces entrepôts et ports « pèsent » 6 % de notre richesse avec 740 000 emplois, contre 7 % du PIB en Allemagne, 10 % en Belgique ou aux Pays-Bas. La France a une situation unique avec ses façades maritimes pour irriguer l'Europe. Mais le premier port français s'appelle Antwerpen (Anvers, en français). Mais le fret ferroviaire a baissé de près de 15 % en dix ans, alors qu'il augmente en Allemagne et plus encore en Angleterre. Quand allons-nous moderniser nos systèmes de transport de marchandises et nos ports ? Janvier 2008 voit la réforme des ports autonomes, premier

1. MEDEF, *Cartes sur table 2008 : Mettez un tigre dans l'offre France !,* 2008.

changement depuis la Seconde Guerre mondiale. Le Sernam, service de messagerie de la SNCF, devient une société anonyme en 2002, premier changement depuis la Seconde Guerre. Il est acheté à plus de 55 % par Butler Capital Partners en 2007. La patience, en matière de réforme, est un produit de luxe que nous n'avons plus les moyens de nous offrir...

L'ARGENTÉ DU LUXE

La France a une image de luxe. Elle abrite LVMH et PPR. Elle est aussi le pays de centaines de PME et même de TPE très spécialisées et de très grande qualité. On y fait du vin, des bijoux, des sacs, des parfums, des vêtements, des stylos, des briquets et des montres... Sans surprise, cette image de marque date de quelques siècles, autant que l'Italie (avec Armani ou Dolce Gabana qui en bénéficient) ou l'Angleterre (Burberry). Les États-Unis sont là, Ralph Lauren, mais avec des positionnements différents. Le luxe suppose la rareté, la griffe, l'originalité et l'origine (le nom, le territoire). Dans un monde où le revenu croît, avec de nouvelles classes moyennes et élevées dans nombre de pays émergents, il y a là une opportunité unique d'offre de la marque France.

LE CHAMARRÉ DES SERVICES

Chamarré, bigarré, comme on veut. Multicolore ! Les services sont partout : leurs emplois marchands représentent 40 % de l'emploi total et les non-marchands le tiers. Au total, marchand et non-marchand réunis représentent les trois quarts des emplois français. Bien sûr, avec un tel poids, on comprend que la diversité la plus extrême soit au rendez-vous. Il y a de l'immobilier, de la banque et du transport (un peu), mais plus encore du commerce et surtout des services aux particuliers et aux entreprises. Le « tertiaire marchand », comme dit la comptabilité nationale, c'est plus de la moitié de la richesse produite.

Surtout, voilà un secteur en expansion constante, plus rapide que la croissance française. On ne voit pas pourquoi cela s'arrêterait si on a les politiques adaptées – autrement dit, les incitations, en clair si on ne désespère pas les bonnes volontés.

La lecture de la clientèle des services est un vrai plaisir : on voit l'importance et la diversité de ce domaine. On voit aussi sa vigueur, celle notamment des services aux entreprises, supports de leur efficacité. Dans un monde plus complexe, plus fin, plus serviciel, ce sont les activités de recherche, d'étude, de publicité, de vérification... qui pilotent les activités industrielles. Braudel disait que Venise était un centre logistique et financier qui pilotait les industries et les productions installées sur la terre. C'est encore plus vrai aujourd'hui.

Or, dans tous ces domaines, nos entreprises ont de vraies capacités locales et mondiales ; prenons les architectes, les centres d'accueil, les logisticiens... Et voyons le développement de leurs échanges : ils sont souvent bénéficiaires. C'est ce type d'activité et ce type d'entreprise qu'il faut encourager, ne serait-ce qu'en demandant que les délais de paiement soient réduits. La France est un pays du Sud quand il s'agit de payer les factures. Et quand il s'agit de payer des PME de services, qui paient surtout des salaires, ce retard est criminel. Au sens propre du terme, puisqu'il est à l'origine de près de la moitié des faillites.

LE GRIS SOURIS DES SOURIS

Que faisons-nous pour nos TPE, Très petites entreprises ? Elles sont de plus en plus modernes et interconnectées : être sur place ne les empêche pas de nouer des relations hors des frontières. La taille économique de l'international a changé. Il ne s'agit plus d'entrer dans une logique graduelle, où l'entreprise s'étend économiquement et géographiquement. Il faut être ici et ailleurs, au gré des rencontres et de *Facebook*. Et de plus en plus vite.

*La place des souris : les entreprises indépendantes
de moins de 9 salariés dans les entreprises françaises*

	En nombre d'entreprises			En personnes occupées		
	Milliers d'entreprises	% des indépendantes	% des entreprises	Milliers de personnes occupées	% des indépendantes	% des entreprises
Industries agricoles et alimentaires	58,6	96,4	94,1	247,3	71,1	38,0
Autres industries, énergie	144,5	91,7	85,9	554,4	47,6	16,7
Bâtiment, travaux publics	335	97,4	96,0	1 046,1	75,4	60,7
Transports	77,7	95,0	90,6	220,9	53,9	19,6
Commerce	569,9	97,8	95,4	1 611,8	74,0	45,1
Services	954,4	98,4	95,3	2 284,1	76,3	41,6
Total	2 488	97,6	95,1	6 535,1	71,5	39,0

Source : INSEE, données 2006.

Les TPE sont au centre de réseaux, pour concevoir, participer à une part de la production, et évidemment aussi pour ses clients. Certaines peuvent avoir des comportements protectionnistes, il n'empêche que l'essentiel est formé d'hommes et de femmes qui travaillent dur, longtemps, risquent beaucoup et ne sont pas richissimes. On comprend leur nervosité. On mesure aussi l'importance de la question, 70 % du nombre des entreprises indépendantes en France, plus de 70 % de leurs effectifs, près de 40 % des personnes occupées dans des entreprises.

Les agents du fisc les connaissent d'ailleurs bien, parce qu'ils sont voisins. Comme leur comptabilité est simple, elle est transparente. Ils sont alors le terrain privilégié des enquêtes (à remplir), des questionnaires (à renvoyer au plus tôt), des taxes (à payer), sans compter les amendes. Ils sont la base du courage quotidien d'une très bonne part de nos entrepreneurs. Et c'est de chez eux que vont partir des gazelles. Pour elles, une seule préoccupation : leur faciliter la vie fiscale et sociale. Simplifier les demandes et les traiter dans un guichet unique. Laissez-les vivre !

LE BEIGE DES GAZELLES[1]

Informatique spécialisée, santé et médicaments, usages nouveaux d'Internet, d'autres encore : seules les mieux placées auront une chance de survivre, en faisant le plus souvent de beaux mariages avec d'autres gazelles ou en convolant en justes (et rentables) noces avec un éléphant de leur profession. Quand on naît souris on peut devenir gazelle, on doit le rester le plus longtemps possible, avant de rencontrer un éléphant (coté) : tel est le bestiaire du capitalisme.

Ces gazelles sont pilotées par la tête. Leurs dirigeants entendent leur imprimer ce rythme, embaucher plus et mieux d'ingénieurs, de commerciaux et de financiers. La gazelle est surqualifiée au début, pour mener sa course. Son point fort est la technique. Et son point faible est la finance, car ses pattes sont grêles. Assez vite ses fonds propres ne suffisent plus : elle va voir les banquiers, et cela d'autant plus qu'elle accélère son chiffre d'affaires et se trouve en butte aux longs délais de paiement de notre pays. Ici et pour elles, le risque est mortel.

---

1. Jean-Paul Betbèze, Christian Saint-Étienne, *Une stratégie PME pour la France*, Paris, La Documentation française, rapport au Conseil d'analyse économique, n° 61, 2006.

Looking for Gazelles

Il manque à la France l'équivalent de 10 000 entreprises de 300 salariés. Imaginons ces 3 millions d'emplois nouveaux : nos problèmes économiques, sociaux et financiers disparaissent. Évidemment, ainsi présentée cette remarque prend les allures, et donc l'irréalité, d'une incantation, d'une médecine miracle. Mais elle fait naître en même temps une véritable question : pourquoi donc ces entreprises ne sont-elles pas parmi nous ? Elle conduit alors à une stratégie : mettre au cœur de nos choix économiques les conditions de croissance de ces moyennes entreprises. Il s'agit ainsi non seulement de renforcer et d'améliorer les conditions de naissance des entreprises, mais plus encore de lever les verrous qui empêchent leur croissance ultérieure.

D'où vient, en effet, cette anomalie des entreprises françaises ? Pourquoi n'a-t-on pas, en France, d'équivalent du *Mittelstand* allemand ? Bill Gates en France aurait-il pu réussir ? Les équivalents actuels des Bouygues et des Leclerc vont-ils mener jusqu'au bout des aventures semblables à leurs aînés, ou plutôt vendre... plus tôt leurs entreprises, quand elles auront 100 salariés, à un fonds de *private equity* ?

« Pourquoi continuer ? » est alors la question souvent posée par les dirigeants, et que faire ensuite avec l'argent ainsi obtenu : faut-il le laisser ici, à la bienveillance de l'ISF, ou ailleurs, en Suisse ou en Belgique ? Pourquoi donc le capitalisme français vend-il son blé en herbe ?

Voilà pourquoi il faut les reconnaître comme telles, c'est l'objet de la loi Dutreil, avec des avantages spécifiques. Voilà pourquoi il faut réduire les délais de paiement. Voilà pourquoi il faut que les banques les écoutent et mettent au point, pour elles, des guichets gazelles, des offres gazelles. Qu'on se le dise : toutes les PME ne sont pas des gazelles, il n'y a aucune honte à ne pas en être. Et être une souris, travaillant dans son territoire, c'est très bien aussi. Il faut absolument refuser notre manie française des hiérarchies et des classements, car il s'agit là d'espèces différentes. Surtout, aucune ne se

La course en sac des gazelles françaises

		CA (M)	Effectifs	Caractéristiques principales
1	Conception/ Création	0-1	1-10	Créateur, inventeur/technicien ou entrepreneur énergique, à la fois concepteur/industriel/commercial sous-traitant la comptabilité. Exploite une niche produit/service/territoire.
2	Survie	1-5	10-49	
3	Rentabilité Stabilisation	5-20	50-100	Première structuration. Embauche d'un comptable, d'un directeur de production, d'un directeur commercial. Le patron a appris à déléguer (un peu) mais reste omniprésent, restant le seul à maîtriser toutes les pièces du puzzle produit/clients.
4	Rentabilité croissance	20-50	100-300	Patron développeur, manageur mais déjà stratège. Il sait mettre en place une organisation optimisée, déléguer et choisir des collaborateurs compétents. Organigramme complet avec DAF / directeur commercial / directeur de production / DRH.
5	Décollage	50-150	300-1000	A fait le choix croissance plutôt que contrôle : il accepte d'être dilué et sait attirer des financiers extérieurs : capital-risque ou capital-développement d'abord, marchés financiers plus tard. Met en œuvre une stratégie pour sortir de la niche initiale : par extension de la gamme produits, par extension du territoire (export indispensable), par stratégie financière (croissance externe). Doit être un communicateur en interne (motivation du personnel qui passe par l'intéressement et la participation au capital) et en externe.
6	Maturité	peut être atteinte à toute taille		Stratège (pour être le survivant sur le segment) et coupeur de coûts.

Source : « L'art d'entreprendre », N. C. Churchill cité par *Les Échos*, 2006, évaluations chiffrées : Crédit agricole. Les stades 4 et 5 sont ceux de la gazelle adulte.

développe au détriment des autres. Au contraire, il y a place pour chacun, et il y aura alors de la croissance pour tous.

Ce qui est en jeu avec les gazelles, c'est la constitution de PME de plus grande taille plus rapidement que par sédimentation classique. L'Allemagne a ce *Mittelstand* qui fait sa force, en appui des éléphants, et qui est très efficace à l'export. Nous ne l'avons pas, pas encore.

D'où l'idée d'aller plus vite en besogne, en leur facilitant la vie juridique et sociale (seuils sociaux), la vie financière (délais de paiement, traitement spécial par les banques) et la vie capitaliste (apport de fonds propres au moyen d'un versement d'une part de l'ISF, traitement fiscal des groupes d'actionnaires par rapport à l'ISF, réduction des impôts). Et supprimer à la fois l'ISF et le bouclier fiscal et les niches ?

LE BLANC DE LA R&D ET DU NUMÉRIQUE

Les meilleures manières de soutenir des secteurs ou des activités sont globales. Ce sont des politiques horizontales. Elles permettent de meilleures façons de travailler en France, plus fluides, moins compliquées avec l'administration, plus prévisibles, au total moins chères. Et si la fiscalité baisse, ce n'en est que mieux.

Dans ce contexte, l'apport du numérique est essentiel car il donne sa base à un meilleur fonctionnement de tous : c'est plus simple et plus rapide partout. La France, n'est pas mal placée dans la course, en ADSL notamment. Il s'agit maintenant de plus et mieux utiliser les produits et comportements numériques dans les entreprises, en liaison avec la logistique, les commandes et les paiements, sans oublier les sites Internet et les ménages. Sans aller jusqu'au *low cost* généralisé, Internet est un puissant facteur de comparaison des prix, donc de concurrence. Il permet un « balayage » des offres, pousse à changer, pour le grand bien de la PGF (Productivité globale des facteurs), autrement dit de la croissance.

Le haut débit en France

La France compte 16,225 millions d'abonnements à Internet à haut débit au 31 mars 2008, dont 15,475 millions d'abonnements ADSL. Le nombre d'abonnements a augmenté de près de 675 000 au cours du 1ᵉʳ trimestre (+ 4,3 %). Sur un an, l'accroissement est de 2,55 millions (+ 19 %). Le rythme de progression annuelle fléchit depuis le 3ᵉ trimestre 2006.

Source : Observatoire de l'Internet haut débit, 1ᵉʳ trimestre 2008, ARCEP.

LE BLEU-BLANC-ROUGE DE LA COMPÉTITIVITÉ PUBLIQUE

Il ne sert à rien de taper sur les fonctionnaires et les employés des collectivités publiques, même si c'est tentant. C'est souvent injuste et toujours contreproductif. Mieux vaut préciser les prestations qu'on attend d'eux. Elles sont évidemment du domaine régalien : c'est la sécurité, la justice, la police, pour étudier ensuite comment elles sont menées, avec leur efficacité et leur coût. Quant aux autres activités offertes par des administrations sans être régaliennes, fruit de l'histoire, il faut les comparer aux conditions offertes par le privé. Si le privé est moins cher, le moins qu'on peut demander est : « Pourquoi ? » Et s'il apparaît que le privé a un avantage comparatif et que l'activité n'est décidément pas régalienne, alors le passage au privé s'impose. L'État n'a pas à être garagiste, cantinier, transporteur... En même temps, les logiques de PPP (partenariat public-privé) doivent s'étendre, dès lors qu'elles sont compétitives, et permettre de construire des écoles ou des commissariats.

L'État et les collectivités publiques doivent passer commande de prestations et les faire exécuter, sans pour autant être propriétaires ou patrons. La location permet de mieux gérer les dépenses et accroît leur flexibilité. Les audits de comptes sont indispensables.

144

Pour accroître la compétitivité, rien de tel qu'un bel éclairage blanc sur toutes ces activités. Et, quand la lumière est faite, rien de tel qu'une décision nette : l'État et les collectivités locales doivent faire toutes leurs missions, et rien qu'elles.

Le classement des trésoriers-payeurs-généraux

Ceux qui paient le plus vite sont :
Aveyron, Isère, Drôme, Eure-et-Loir, Ardèche, Orne, Mayenne.

Et ceux qui paient le plus lentement sont :
Guadeloupe, Premier ministre, Réunion, Val d'Oise, MINEFI (ministère des Finances), Intérieur...

Source : Observatoire des délais de paiement 2007.

LE ROUGE DE LA SITUATION PUBLIQUE

À se lancer dans des domaines qui ne sont pas les nôtres, à soutenir des canards boiteux, à intégrer de la sous-productivité, le système public pèse de plus en plus dans l'économie, donc sur les contribuables. Et encore ces prélèvements ne suffisent pas, puisque les comptes sont dans le rouge depuis... 1974. Et c'est ainsi que naît le déficit et que monte la dette. Le rouge des comptes s'installe.

Fin 2007, nous devons officiellement 1 200 milliards d'euros, 930 au titre de l'État, 135 des administrations publiques locales, 100 des ODAC (Organismes divers d'administration centrale) et 50 des administrations de sécurité sociale. Voilà des dettes qui représentent 63,9 % de la richesse, à peu près autant que l'Allemagne (qui a dû financer sa réunification). Voici des dettes qui progressent de 5,1 % pour l'État et de 7,2 % pour les administrations locales. Voilà des dettes qui se financent par emprunt pour l'État et par crédit bancaire pour les administrations locales. Voilà une dette qui coûte 52 milliards d'euros de frais financiers en 2007 (+ 12,2 %)

alors que les investissements représentent cette même année 62 milliards et les rémunérations des salariés 243.

Tout a été dit sur cette dette qui monte, avec sa partie publique qui se « place » par l'Agence France Trésor à la fois en France (grâce aux avantages fiscaux de l'assurance vie) et pour plus de la moitié à l'extérieur (grâce à notre image de marque...). Un peu moins est dit sur les endettements des collectivités locales, qui progressent bien vite... Jusqu'où ?

Sommes-nous en faillite ?

De temps à autre, les hommes politiques et les experts frappent les esprits avec cette forte question (Jean-Pierre Raffarin, Michel Pébereau). Immédiatement, les politiques répondent qu'il n'en est rien, et des experts économiques (en général de gauche) répondent qu'il ne faut pas confondre État et pays, ce qui n'est pas ce que font J.-P. Raffarin ou M. Pébereau, et que l'État a des actifs, ce qui est vrai. Tout jeune Français qui naît hérite donc d'une dette et aussi d'actifs. Mais il faut quand même ajouter qu'il naît en France avec un État qui, comme tout État, a le droit de lever l'impôt (et c'est même pour cette raison qu'on lui prête !). Notre jeune Français va donc devenir sujet à des prélèvements divers, qu'il le veuille ou non.

Mais cela ne tient que si la dette est soutenable, si elle ne croît pas à un niveau tel qu'elle handicape la croissance économique. Or nous connaissons ces États très endettés, comme la Belgique, qui a des problèmes de police et de justice, ou comme l'Italie, tout simplement parce qu'elle a des difficultés à assurer ses responsabilités régaliennes.

Nous connaissons des États qui entrent dans cette spirale de la dette qui pose des problèmes économiques, sociaux et politiques internes, avec les réactions inquiètes des investisseurs internationaux. Un jour, ils ne veulent plus financer, même à des taux astronomiques, et le lendemain l'État annonce qu'il ne peut plus honorer sa dette : il fait faillite. Entre autres noms, nous connaissons les cas de la Russie (1998), du Brésil (1999) et de l'Argentine (2001). Et de l'Islande (2008).

Nous savons qu'un pays s'en remet, mais difficilement, et qu'il ne vaut donc mieux ne pas se mettre dans la spirale de la dette, en dépit des bons esprits qui vous assurent que la dette se transmet de génération en génération (mais que se passe t-il si elle croît, si la population diminue, si les jeunes s'en vont ?) et qu'un État « ne fait pas faillite », sous prétexte qu'il est une entité économique différente des autres !

Quelle erreur !

L'AMARANTE DES RENTES[1]

Car si le déficit public est rouge depuis si longtemps, c'est en large part la conséquence d'avantages obtenus par les professions publiques, avec un système complexe de grilles et accommodements qui se cumulent. Leur effet net est que chaque catégorie d'agents tend à saturer la part du budget qui lui est dévolue, avant de demander davantage. Au début, certains instituteurs seulement deviennent professeurs des écoles, avec des responsabilités hiérarchiques et donc une hausse de salaire. Puis l'écart de nom – n'oublions pas que nous sommes en France et que le contenu symbolique des titres est énorme –, plus le salaire, ont peu à peu accru le nombre de ces professeurs. Désormais, ce sera le cas de tous.

Cette logique n'a aucune raison d'être seulement publique, même si elle se développe là avec bonheur. Elle est française et c'est chaque fois la même histoire : l'aide suscite la demande d'aide. En son temps, les experts avaient calculé que le nombre de bénéficiaires de l'Allocation personnalisée d'autonomie (APA) pouvait être de 500 000 à 550 000 en 2002-2003, pour aller vers 800 000 en vitesse de croisière. Cette allocation avait une caractéristique de départ : elle n'était pas financée. Elle pèse vite sur les départements,

1. Molière, *Les Femmes savantes*, acte III, scène 1 :
« Ne dis plus qu'il est amarante,
Dis plutôt qu'il est de ma rente. »

son coût passe de 1,2 milliard d'euros au début, puis à 1,9 en 2002, pour culminer à 3,7 en 2003... quel succès ! Nous en sommes à plus de 1 million de bénéficiaires pour un coût de 4,6 milliards d'euros.

C'est partout pareil, public ou privé, local ou global : tout avantage donné à l'un sous conditions (et sans précisions de durée ou de vérifications) s'étend aux autres, qui ne les remplissent pas. Les soutiens publics donnés aux RMIstes sont amplifiés par les aides locales et municipales. Peu à peu, le lien se distend entre l'aide, qui doit être momentanée pour sortir de la difficulté, et *un* revenu. *Un* revenu que *les autres* doivent payer.

Et, d'ailleurs, ceux qui travaillent dans le secteur privé n'y suffisent plus. Il faut donc gager le travail de ceux qui *travailleront* dans le secteur privé, ce qui s'appelle la dette publique. Les fameux experts qui nous disent que nous héritons d'un passif et aussi d'un actif (routes et ponts, voies et musées...) oublient de nous dire que cet actif n'est pas facile à vendre. Sauf à céder les écoles et les lycées, Versailles et le Louvre. Mais à qui donc ? On comprend qu'avant il faudra vendre plus d'actions d'EDF, de Suez-GDF, d'ADP, d'AREVA... – bref, privatiser sur large échelle. Qui le dit ? Qui le sait ? Mais cette privatisation n'a de sens que si elle finance une nouvelle croissance. Autrement, c'est vendre ce qui reste de bijoux et de petites cuillères.

Qu'on se le dise, le rouge du déficit et l'amarante des rentes font excellent ménage : ils s'entretiennent mutuellement. Mais c'est un excellent ménage qui est très mauvais pour nous. Car nous approchons du *fond*.

Chapitre 8

De « l'étrange défaite » à la victoire

« L'étrange défaite », c'est le livre-témoignage de Marc Bloch[1]. Marc Bloch, c'est l'historien de 53 ans qui demande à servir lors de la Seconde Guerre (et avait fait la Première) et qui note ses remarques dans un cahier miraculeusement retrouvé. Exclu de la faculté car Juif, il est « relevé de déchéance » (cela ne s'invente pas) « pour services scientifiques exceptionnels » et reprend ses cours en janvier 1941. Revenu à Montpellier pour accompagner son épouse, il participe au mouvement Combat puis entre dans la vie clandestine à Lyon. Arrêté le 8 mars 1944, torturé, il est fusillé en criant : « Vive la France ! »

L'étrange défaite : je ne connais pas de livre qui analyse aussi bien, dans le quotidien et à partir d'un modeste poste de gestionnaire de ravitaillement en essence, comment se perd une guerre. « Beaucoup d'erreurs diverses, dont les effets s'accumulent, ont mené nos armées au désastre. Une grande carence, cependant, les domine toutes. Nos chefs ou ceux qui agissaient en leur nom n'ont pas su penser cette guerre. En d'autres termes, le triomphe des Allemands fut, essentiellement, une victoire intellectuelle et c'est peut-être là ce qu'il a eu de plus grave... Les Allemands ont fait une guerre d'aujourd'hui, sous le signe de la vitesse... Après tout, se tromper au

---

1. Marc Bloch, *L'étrange défaite*, Société des Éditions Franc-Tireur, 1946. Voir le site : http://www.marcblochap.fr/.

départ, il est peu de grands capitaines qui ne s'y soient laissés quelquefois entraîner ; la tragédie commence quand les chefs ne savent pas réparer. »

Qu'on se le dise : nous sommes en guerre économique et financière, après la crise des *subprimes,* et nous entrons dans une phase de tensions politiques croissantes. Ce n'est plus l'entente bon enfant des anciens G7 et G8, ces grandes réunions amicales et restreintes. Comme la crise est mondiale, il faut un espace de discussion et de décision qui le sait aussi. Si nous ne faisons rien, notre espace de manœuvre est réduit dans le contexte européen, qui a ses limites et ses travers. Nul ne nous fera de cadeau, en Europe et au-delà. À nous de penser cette situation et d'agir en conséquence, de créer nos espaces et nos lieux de liberté, de mener nos mouvements offensifs, de chercher des alliés, d'aller vite, et de parler aux Français.

LA GRANDE ILLUSION : LE DÉCOUPLAGE ÉCONOMIQUE

Encore une fois, cessons de passer notre temps à commenter le passé. Les experts en crise de 1929 nous rebattent les oreilles, avec leurs comparaisons. Ce sont les dignes successeurs de ceux qui regardaient 1939 comme 1914, quand March Bloch allait au combat. Cessons d'écouter ceux qui nous disent qu'il suffirait que la BCE diminue ses taux, ou bien fasse baisser l'euro, ou plus encore que l'Europe est une contrainte insupportable qu'il faudrait la quitter. Ils se trompent et nous trompent parce qu'ils ne pensent pas ce qui se passe.

Ce qui se passe, c'est que le monde change en vitesse et en globalisation. La vitesse économique augmente partout, puisque la finance lui donne son *tempo,* un *tempo* qui s'accélère. Nous allons plus vite vers les hauts, et descendons plus vite vers les bas. Et tout cela se produit de plus en plus ensemble, globalisation oblige. Quand les États-Unis commencent à souffrir de leur crise financière, avec la correction du début de leur bulle immobilière, l'Europe continue sur sa lancée et les BRIC sont encore en accélération. Certains experts parlent de découplage, jusqu'à ce que l'Europe soit atteinte. Le découplage ne concerne alors plus que les BRIC, jusqu'à ce qu'ils soient eux-mêmes atteints. En réalité, il n'y a pas de découplage : il y a à la fois des décalages (dans la crise) et des rattrapages (pour la croissance).

Cette guerre financière fait des morts dans les banques mondiales, des mariages précipités, des nationalisations, mais elle va révéler aussi les nouvelles forces en présence. Quels seront les États-Unis d'après crise ? Pour étaler les pertes, ils créent une structure de défaisance *(defeasance)*. Mais la capacité de financement de ce gigantesque fonds, 10 fois le RTC[1], sera fonction des acquéreurs de bons du Trésor, maintenant que le monde entier sait que la croissance économique américaine sera réduite et que la surveillance bancaire et financière a(vait) des trous.

En même temps, cette crise montre que l'argent liquide n'est plus aux États-Unis. La rare ingéniosité des *subprimes,* en fait de la titrisation, est bien la preuve que les banques entendent faire beaucoup de crédit avec peu de fonds propres. Faire beaucoup de crédit pour stimuler la croissance, on les reconnaît bien là ! Avoir peu de fonds propres pour accroître le *Return on Equity,* puisqu'un même montant de profit sera rapporté à des fonds propres plus faibles, on les reconnaît surtout là ! Mais c'est aussi parce que ces fonds propres ne sont pas là. Et quand les *Hedge funds* ou le *Private equity* cherchent des ressources pour des périodes limitées, c'est faute, là aussi, de capitaux plus durables.

L'ARGENT EST PARTI AILLEURS

Les tentatives américaines pour cacher cette réalité ont fait aujourd'hui long feu. Maintenant, nous savons que nous vivons un monde déséquilibré comme jamais : d'un côté, il y a d'énormes défi-

---

1. *Resolution Trust Corporation,* structure mise en place pour résoudre la crise de Caisses d'épargne en 1989.

cits publics, essentiellement américains, de l'autre, d'énormes excédents publics, surtout chinois, puis japonais, d'Arabie Saoudite et du Golfe, de Russie enfin. Cette bipolarité manifeste sa crise : les États-Unis ne peuvent plus faire comme s'ils avaient de l'épargne, les nouveaux pays à réserves excessives ne peuvent plus faire comme s'il suffisait de recycler la leur aux États-Unis comme si leurs placements étaient sans problème. Le « déficit sans pleurs » de Jacques Rueff a vécu[1]. Mais aussi le Bretton Woods[2] de fait, sorte d'amical partage des responsabilités dans un financement des déséquilibres. Ce qui vient de s'effondrer, c'est l'idée américaine[3] que leur déficit d'épargne n'est pas un problème et qu'il est le pendant de l'excès d'épargne chinois. C'est la faute des Chinois ! Pour sortir de cet équilibre instable, devenu aujourd'hui déséquilibre patent, on voit quelle est la part la plus faible : le système financier américain et l'économie américaine.

Pour en sortir, il faut donc que les États-Unis épargnent, ce dont ils ont perdu l'habitude, et que les Chinois consomment, ce qui nécessite des structures (logements) et des infrastructures (grandes surfaces). Entre-temps, ils continuent et continueront à investir dans des actifs financiers américains, à très court terme en bons du Trésor, de plus en plus en actions. Une question se pose alors. Est-ce qu'ils resteront des *sleeping partners* des sociétés où ils entrent, maintenant qu'on sait qu'ils sont décisifs (et qu'ils le savent) et que la législation prudentielle américaine doit en savoir plus sur eux ? Ce qui est vrai pour les rapports avec la Chine va se retrouver avec la Russie, *post*-Géorgie. On imagine que la question sera tendue, mais on ne peut oublier que ce pays détient entre 300 et 400 milliards de dollars dans son fonds souverain. N'oublions pas les nouveaux foyers de tension qui vont se rallumer, Corée du Nord par

---

1. Jacques Rueff, *Le péché monétaire de l'Occident,* Paris, Plon, 1971.
2. David Folkerts-Landau, *An Essay on the Revived Bretton Woods System,* NBER Working Papers, septembre 2003.
3. Ben Bernake, *The Global Saving Glut and the US Current Account Deficit,* Fed Speaches, avril 2005.

exemple. N'oublions pas non plus les autres fonds souverains. La *great moderation* de la faible inflation a vécu, les dividendes de la paix aussi.

LA GUÈRE TIÈDE ET LA QUESTION DES *SOFT POWERS*

Ce nouvel équilibre/déséquilibre entre États-Unis et Chine va changer la situation des *soft powers,* au premier rang desquels on trouve l'Europe – face à la Russie et l'Inde – face à la Chine. Il faudra se poser des questions sur l'Europe, sur sa capacité rare à accueillir des crises américaines, dues là-bas à des lacunes de surveillance, des travers de régulation ou des jeux de puissance financière.

Comment peut-on organiser la croissance européenne, et la défendre, si nous n'avons rien à dire sur les régulations prudentielles en Europe sous le prétexte qu'elles dépendent de chaque État ou adaptons les règles de comptabilisation, qui nous viennent des États-Unis ? L'Europe est un *soft power* aussi longtemps qu'elle ne se dote pas de stratégie claire, de frontières nettes et d'un début d'armée. Elle est particulièrement vulnérable si, en son sein, la BCE ne sait pas ce qui se passe dans le système bancaire européen, puisque la Buba (petit nom de la Banque centrale allemande) ne le sait pas elle-même (comme on l'a vu avec la crise des Landesbanken, banques régionales), alors que les Banques centrales de France, d'Italie ou d'Espagne le savent – puisque la surveillance bancaire est dans leur giron. Nous devons renforcer nos protections financières d'une façon homogène. L'Europe est également fragilisée si elle ne parle pas assez fort quand les États-Unis changent les règles comptables et juridiques des autres, tandis qu'ils se donnent du temps (pour les règles de gestion des banques, dites de Bale II). L'Europe divisée dans les débats internationaux, ceux des brevets, de l'OMC, du réchauffement climatique... est une Europe qui s'affaiblit, ce qui est particulièrement contre-indiqué dans la phase de tensions croissantes dans laquelle nous entrons.

153

LE LENT DÉCLIN DE L'EMPIRE AMÉRICAIN

Si les États-Unis ne sortent pas grandis des *subprimes,* si la Chine sort renforcée des jeux Olympiques, si les grands « équilibres mondiaux » (!) sont choqués par cette crise financière et par l'instabilité des prix d'actifs qu'elle a révélée, on peut toujours rêver à un jeu coopératif international. Mais pas trop. Le G20 reste une structure à renforcer, en fonction des rapports de force entre ceux qui souffrent de l'instabilité financière (qui ?) et ceux qui en bénéficient (qui ?).

Les États-Unis vont devoir regagner en crédibilité, financer leur croissance et leur fonds de *defeasance,* céder des actifs financiers stratégiques. Le temps n'est plus où, pour régler leurs problèmes par rapport au Japon, ils avaient poussé à l'appréciation très forte du yen, créé une bulle dans ce pays, et avaient vendu aux fonds de retraite japonais quelques tours de New York au plus haut prix, amiante incluse. Un Japon qui ne s'en est pas remis depuis quinze ans, et qui n'a pas oublié.

Les États-Unis vont voir apparaître sur la scène mondiale des fonds souverains chinois et singapouriens, à côté de ceux du Golfe. La phase économique et financière qui s'ouvre est le *deleveraging,* la réduction de la dette, la remontée des fonds propres. Il va falloir épargner plus, s'endetter moins, vivre avec une croissance plus faible... aux États-Unis. Et donc ailleurs. La bourse pourra peut-être aimer ce nouveau monde, celui d'une phase de rentabilité annoncée plus faible, assortie d'une volatilité plus réduite. Nous verrons. Cette période intermédiaire pourra durer deux à trois ans, le temps que se déglutissent les excès, que se vendent les actifs immobiliers, que se terminent les dernières restructurations bancaires et financières. Et surtout que se crée une nouvelle histoire, avec de nouveaux champions.

N'ayons pas d'illusion : en finance, la sagesse est cette brève période qui suit la folie. Bientôt de nouvelles idées vont naître aux États-Unis pour exploiter des filons que nous n'avions pas assez vus, des idées pas assez creusées, plus quelques innovations, à crédit bien sûr. Cette fois, les États-Unis sont davantage touchés car leurs

centres financiers sont affectés. Les grandes banques de financement et d'investissement, les *Merrill* et *Goldman* sont touchés, sans
oublier *Lehmann*. Mort.

Les unités nouvelles du financement mondial combineront une
forte base de détail, stabilisant les revenus et les ressources de bilan,
avec des activités de banque de financements structurés. Les produits seront proposés aux marchés, mais ils seront plus simples,
avec une prise significative de risque par la banque émettrice. Les
nouvelles places financières vont changer, avec un déclin de New
York et de Wall Street, dépassés par la City de Londres, une City où
l'État anglais sera très présent. Celles des pays émergents vont se
renforcer, avec la Chine et le couple Hong-Kong - Shanghai, avec
les pays du Golfe... mais nous sommes encore loin du compte.

Pour éviter d'être perdus et inquiets des temps futurs, on peut se
dire qu'il faut étudier nos crises nouvelles. Insatiables ! En fait réalistes. Les États-Unis vont croître après la crise actuelle, l'Europe va
peu à peu se reprendre, les pays émergents poursuivre leur rattrapage. Mais *quid* si la croissance américaine est plus lente ? Comment les BRIC, Chine en tête, avec leur politique mercantiliste, vont-
ils croître aussi vite s'ils exportent moins ? Des surinvestissements
vont-ils se manifester ? Où et avec quels effets ? La crise actuelle va-
t-elle conduire à des secousses nouvelles et mener à des répliques,
comme pour les tremblements de terre ? Y a-t-il, ici ou là, des bulles
qui n'ont pas encore explosé (immobilier à Moscou...). Être plus
aux aguets veut dire s'ouvrir à des situations moins simples, accepter des marges accrues d'incertitude. Et ne pas demander au
ministre français de l'Économie de s'engager dans la croissance
future, avec un chiffre après la virgule. Nous allons vers 1 à 1,5 %
au mieux à deux ans. Nous devons viser le double.

L'EUROPE A PERDU LE SENS DE LA STRATÉGIE

Dans ce nouveau rapport de puissances, il faut renforcer l'Europe. Elle est faible parce qu'elle est divisée, avec des intérêts diver-

gents, plus exactement qu'elle croit divergents. Un jour les marchés financiers vont nous le dire : mais vous êtes plutôt faibles quand les autres sont forts, et plus faibles quand ils faiblissent. Allez-vous sortir de cette crise précédés encore par les États-Unis et, cette fois, par les nouveaux venus ? Nous vous aimons bien, mais vous n'avez jamais d'*upside,* de situation gagnante. *Sorry !*

Si l'Europe reste un lieu mou, incoordonné, mal régulé, empêtré dans ses différences et ses contradictions, elle verra passer la croissance de tous. Alléchée par de nouvelles propositions mirifiques, mi-canal de Panama – mi-*subprime,* elle succombera de nouveau, y enfouissant une part de son épargne et faisant une nouvelle encoche à sa croissance.

Le temps qui vient est celui d'une grande dureté et donc d'une extrême rigueur. L'Europe est une victime de cette crise, peut-être moins que la Chine, mais elle a moins de capacité de résistance et de rebond, du fait de ses coûts et de sa structure complexe. La prochaine fois la Chine sera sur ses gardes, ne serait-ce que parce qu'elle sera au capital d'entités de financement. Elle verra le coup venir. Telle ne sera pas notre situation en Europe. Si nous continuons notre exercice de purification interne (lutte contre l'inflation et réduction des déficits excessifs) sans voir que le prochain risque sera externe, s'il ne l'est déjà, avec la crise des grands mastodontes qui naissent aujourd'hui, nous faisons une grave erreur d'analyse.

L'Europe se regarde trop, plus exactement elle ne regarde qu'elle. Toute intéressée qu'elle est à parfaire son marché intérieur sous l'angle de la concurrence, elle ne voit pas qu'elle y affaiblit les entités internes par rapport aux autres et ouvre de plus larges pistes d'atterrissage aux multinationales non européennes. Cette crise financière a rebattu les cartes dans la finance mondiale, au bénéfice des groupes américains en termes de capitalisation, et chinois (première banque de monde désormais), en attendant d'autres volontaires. Cela ne va pas s'arrêter ici.

La conception de la concurrence en termes de part de marché local, national, ou même européen, passe sous silence ce qui se joue au niveau mondial. Tout. Les Anglais eux-mêmes, donc des Anglo-

Saxons, ont prévenu que le mariage forcé entre HBOS et Lloyds TSB se ferait sans examen des parts de marché domestique. Tout simplement parce que HBOS était sous forte pression des marchés (en clair : pouvait succomber). Il en est de même pour les soutiens publics aux banques en difficulté. Les règles de concurrence doivent étudier leurs effets sur le terrain mondial, quand les entreprises locales sont devenues brutalement plus faibles. Elles doivent aussi étudier les distorsions qui se créent aujourd'hui, ailleurs.

C'est à ce moment qu'il est possible de devenir franchement grossier et de parler de *politique industrielle* et de *champions*. De quoi s'agit-il, quand les régulateurs modifient les règles de fonds propres ou de surveillance, sinon d'une politique industrielle indirecte ? Elle pousse les chimistes à étudier leurs choix avec un rare détail, les constructeurs d'automobiles à revoir leurs moteurs pour qu'ils polluent moins, les pharmaciens à tester encore et encore. On peut le comprendre, mais il faut alors toujours plus de capital. Donc la porte s'ouvre à des concentrations nouvelles. Pourquoi ne pas le dire, avec à la clé des champions mondiaux à fabriquer, d'origine européenne cette fois ? La concurrence ne faiblit pas quand les combattants sont plus gros ! Au contraire. À condition de surveiller. À moins que parler de champions européens ne soit pas le problème... Alors, il faut le dire !

Pourquoi ne pas aller plus avant dans des politiques plus coopératives en Europe ? Est-il normal que la bataille fiscale continue entre États de cette Communauté, conduisant à des moins disant fiscaux qui affaiblissent les autres, par évaporation de leur base fiscale ? Est-il normal que l'Irlande continue dans cette même voie, elle qui était la plus pauvre d'Europe par tête et qui se trouve maintenant la plus riche ? Est-il normal qu'elle garantisse dans la crise actuelle ses banques, sans concertation avec les autres pays ? Ne peut-on imaginer, taxe par taxe, des limites minimales et maximales ? Après tout, aux États-Unis, le fédéralisme fiscal prévoit des règles entre États contigus. Ce n'est que dans des situations très défavorisées qu'un État peut y avoir des taxes faibles.

À continuer ainsi, l'Europe affaiblit les plus gros des siens. Ils n'ont évidemment aucun intérêt à se lancer dans cette course, puisqu'ils auront bientôt, si ce n'est déjà le cas, des problèmes budgétaires. L'Europe ne peut se développer qu'avec un pilotage fiscal qui renforce sa cohésion et sa croissance d'ensemble, alors que la gestion du Pacte de stabilité et de croissance ne fait que regarder des manquements individuels, sans en étudier les sources. Il doit être revu, après son actuel sommeil pour cause de crise.

RENFORCER CE QUI DOIT L'ÊTRE : L'EURO ET SON EXPRESSION POLITIQUE, LES BANQUES, LES ASSURANCES, L'INDUSTRIE

L'euro est la monnaie de la zone euro, bien sûr, mais également la monnaie de toute l'Europe. Elle est aussi, du fait des lois de gravitation comme dit le FMI, la monnaie d'attraction des pays de l'Est, comme du franc suisse et de la livre sterling. L'euro est aussi l'autre monnaie du monde, singulièrement plus « profonde » que le mark, puisque l'économie européenne est quatre fois plus importante que l'allemande. Dans ces conditions, l'euro peut monter beaucoup plus haut que le mark par rapport au dollar, profondeur oblige, et donc descendre beaucoup plus bas. L'euro stabilise l'économie européenne, puisque 80 % des échanges ont lieu en monnaie euro ou proche de l'euro, mais il induit aussi une volatilité plus forte avec les autres monnaies. Les deux. Il faut que les Français le sachent et que les entreprises s'y préparent (notamment en achetant des protections auprès des banques quand elles voient l'euro sortir de ses « bandes larges », si l'on peut dire, 1,35 € pour 1 $ en haut, 1 € pour 1 $ en bas).

Il faut aussi que la zone euro s'exprime politiquement sur le taux de change de l'euro. Il ne s'agit pas de se demander ici qui est Monsieur Euro, puisqu'il se nomme Jean-Claude Trichet, président de la Banque centrale européenne, suite à un accord européen sur le sujet. Il ne s'agit pas non plus de se demander ce que fait M. Juncker, président du comité Ecofin (comité des ministres des finances), qui est l'homme politique de l'ensemble. En fait, l'euro a une composante technique et une composante politique, et la première domine habituellement. Est-ce bien ce qu'il nous faut dans les temps actuels ?

Cela empêche-t-il l'instance politique d'échanger plus avec l'instance technique ? En d'autres termes, il faut plus de débats entre analystes de la conjoncture et de la finance des deux entités. Il faut surtout que la BCE soit mieux au fait de la situation des banques européennes, et que la « surprise » de la crise de liquidité d'août 2007 ne soit plus qu'un mauvais souvenir. Mais il faut qu'elle sache mieux ce qui se passe dans les entreprises industrielles et de services.

Il faut enfin, quand l'euro sort de ses « bandes larges », au-delà de 1,4 par rapport au dollar ou en deçà de 1 que l'instance politique puisse dire qu'à son sens l'euro est trop haut ou trop bas. Cela guidera les marchés et leur permettra d'entendre le signal du retournement proche. On ne comprend pas en quoi cela empiète sur la BCE.

Pour les banques et les assurances, il faut retenir la leçon que nous donne la crise. D'abord, il faut que toutes les banques centrales nationales sachent ce qui se passe dans leurs banques les plus importantes. Il faut que les banques européennes soient suivies par un régulateur principal qui coordonne un groupe de régulateurs nationaux. Il faut stabiliser notre système économique et financier et que ce que nous avons trouvé n'aille pas à l'encontre du but poursuivi. Autre nom, en l'espèce, pour : procyclique.

Il faut donc durcir les conditions de crédit quand la situation s'améliore, afin de raboter la montée du cycle, ce qui réduit au moins d'autant la plongée. Mais il ne faut pas non plus en rajouter, vouloir tout surveiller et contrôler. Car alors le crédit sera partout et toujours plus cher, comme les assurances. Banquiers et assureurs se demanderont alors s'ils ne peuvent pas faire, ailleurs, un meilleur usage de leurs ressources... Et ils trouveront toujours quelque part un régulateur plus accommodant. On ne corrige pas les excès dans un sens par d'autres en sens inverse. Il faut peser en faveur de règles stabilisantes et harmonisées dans le monde[1]. Souhaitons que, suite au G20, ce point soit revu.

Pour les entreprises, des banques plus fortes et des sources de fonds propres plus amples sont évidemment indispensables. Mais n'oublions pas la recherche, le soutien des pôles de compétitivité, des actions de formation, une réduction des charges, une flexibilisation de l'activité et la modernisation de l'État.

REMETTRE TRÈS VITE À PLAT
NOTRE ORGANISATION

Nous devons développer, dans toutes structures publiques, un sens plus exigeant de l'organisation et de l'efficacité. Dans le cas européen, la complexité est extrême et nous devons avancer vers une logique plus rapide et moins coûteuse. En France, il nous faut continuer plus vite dans les actions d'économie budgétaire, dans le cadre de la LOLF (Loi organique relative aux lois de finances)[2] et de la RGPP (Revue générale des politiques publiques). N'oublions pas que cette loi organique a été votée par la droite *et* par la gauche dans un de ses si rares moments où la France adopte des logiques anglaises, allemandes, américaines. C'est quand elle entrevoit le

1. René Ricol, *Rapport sur la crise financière,* Mission confiée par le président de la République, septembre 2008.

2. La LOLF du 1er août 2001 présente le nouveau cadre budgétaire pour réformer l'État. Elle est entrée en vigueur par étapes et s'applique à toute l'administration depuis le 1er janvier 2006. Elle a mis en place une gestion plus démocratique et plus performante au service de tous. Le budget général n'est plus défini par ministère, mais est découpé en 34 missions, 133 programmes et près de 580 actions.

La RGPP a été lancée le 10 juillet 2007 : la révision vise à identifier les réformes qui permettront de réduire les dépenses de l'État, tout en améliorant l'efficacité des politiques publiques. Les économies qui pourront être dégagées grâce aux réorganisations et à la diminution des effectifs permettront de financer le renforcement de certaines politiques et les grandes priorités du gouvernement.

fond et que quelques leaders comprennent les enjeux transpartisans (Didier Migaud à gauche et Alain Lambert à droite).

Il faut aller plus vite et plus loin. Nul ne comprend pourquoi nous avons autant de niveaux de décisions, et moins encore pourquoi ils se partagent les responsabilités. Il faut réduire le nombre de ces niveaux, simplifier la carte administrative, indiquer les responsabilités. Rien de tel qu'une organisation opaque pour coûter plus, aller moins vite, diluer et différer les décisions, donc les responsabilités. Nous attendons trop longtemps, bien sûr pour des raisons politiques. Mais nous avons vu que la carte des juridictions a été modifiée, en tout cas qu'un grand mouvement a été lancé. Et nous venons de voir que la carte des casernes n'est plus celle de 1870. Chaque fois, les villes s'inquiètent et les corporations se raidissent. Et l'État passe en force. Il est vrai que si notre pays comptait plus de souris et de gazelles, les choses iraient mieux, car il y aurait de l'emploi ailleurs. Nous avons la peur de notre conservatisme.

SORTIR DU GOÛT FRANÇAIS DE L'ENTRE-DEUX

Pour avancer dans ce monde plus compliqué, incertain et traumatisé, pas la peine de mégotter. La subtilité est un produit de luxe, à déguster par temps calme. Pas la peine non plus de continuer à cacher les problèmes aux Français, puisque nous connaissons les deux : les problèmes et les Français. Il faut parler vrai.

Ce n'est pas non plus la peine de verser dans l'extrême, c'est-à-dire de refuser le réel. Notre système est capitaliste, libéral, d'économie privée – comme on veut. Inutile de penser à un grand soir ou à une révolution, comme ceux qui ne veulent rien changer aujourd'hui, puisqu'ils attendent de tout changer demain. Inutile de simplifier et de ne pas voir le monde mêlé dans lequel nous vivons. Le retour de l'État auquel nous assistons doit être vu comme temporaire. Il est essentiel d'en organiser la sortie, donc de renforcer nos structures, maintenant que la protection publique est là, très forte.

Car notre monde a intégré de longue date un pacte social de stabilisation économique, d'écarts maximaux de situation tant en revenu qu'en patrimoine, d'accompagnement des accidents de la vie, de présence de l'État. Retoucher le modèle n'est pas le détruire, mais il faut le retoucher. Inutile de détourner les propos, de mentir sur les projets et les programmes. Nous sommes en économie sociale de marché ou si l'on préfère en économie de marché sociale. L'essentiel... c'est qu'elle marche, et dans la durée, en combinant ses deux sources.

Parlant aux générations à venir, Marc Bloch dit qu'il n'aura « pas l'outrecuidance de leur tracer un programme... Nous les supplions seulement d'éviter la sécheresse des régimes qui, par rancune ou orgueil, prétendent dominer les foules, sans les instruire ni communier avec elles. Notre peuple mérite qu'on se fie à lui et qu'on le mette dans la confidence ».

Chapitre 9

Il n'y a plus de droit à l'erreur

Nous mettre dans la confidence, c'est nous dire ce qui se passe dans ce monde, ce qu'ont fait les autres et qui explique leurs résultats, ce que nous devons faire, nous. Comment et avec quels échéanciers, quelles mesures et quelles incitations. Inutile de trop parler de sanctions en cas d'échec, nous les connaissons car nous les vivons. C'est une croissance plus faible encore, un chômage qui croît, une dette publique qui explose, des tensions sociales qui montent, et nos enfants et petits-enfants qui vont voir ailleurs (en nous envoyant des *mails*). C'est nous parler vraiment de cette crise et nous dire qu'on s'en sort temporairement par l'État, structurellement par plus de surveillance et de coordination mondiale et européenne, et fondamentalement par des entreprises plus fortes, dans des territoires plus réactifs.

C'ÉTAIT IMPOSSIBLE. ILS L'ONT FAIT !

Cessons de parler de miracle ou de modèle quand un voisin évite une crise ou s'en sort. Oui, il y a eu un très fort consensus allemand pour se refaire après la guerre, se réunifier, dépasser le statut de nain politique et de géant économique qui a été le sien pendant cinquante ans. C'est fait : économiquement puissante, l'Allemagne est unifiée. Elle envoie des troupes sous l'égide de l'ONU, est en passe d'entrer au Conseil de sécurité. Oui, il y a eu un succès suédois

163

après la crise des années 1990 de ce pays, une crise qui a conduit à une réforme très profonde de son État-providence. Oui, il y a eu des succès néerlandais ou espagnols.

Mais nous avons, nous aussi, fait plein de choses ! Surtout si on n'oublie pas que nous avons pris d'abord des mesures en sens inverse : 35 heures, retraite à 60 ans, coups de pouce répétés au SMIC, ISF... Nous ne devons jamais l'oublier, quand on songe à certains donneurs de leçon. Ces mouvements en sens inverse, contraires à la logique européenne et à la logique économique tout court, nous sommes les seuls à les avoir faits. C'est pourquoi il est si dur de réformer en France, puisque nous devons réformer aussi les effets néfastes des réformes antérieures. Des réformes qui, il faut l'avouer, étaient autrement plus sympa que celles que l'on propose ici.

En effet, il n'est pas impossible que ces « écarts » de politique économique expliquent notre sensibilité politique (tournures...). La France est plus obsédée par les inégalités que par la croissance, sans bien comprendre qu'on n'a pas l'une sans les autres. Le peloton ne va plus vite que s'il y a une échappée. Cette sensibilité anti-inégalitaire explique nos tensions sociales perpétuelles, nos tensions entre nous, chaque jour. « Il » veut passer devant moi dans la queue, « il » veut être servi plus vite, me coincer au feu vert, mais je vais lui montrer ! Je vais avancer mon caddie, le bloquer, klaxonner, lui faire une réflexion, voire un geste. Et nous ne dirons pas souvent « bonjour », pas beaucoup merci, pas de sourire à attendre, car c'est dû ! Nous sommes durs entre nous, sans vraie raison, ce qui nous rend la tâche plus dure et nous pousse à être plus durs encore entre nous ! Mais pourquoi donc ?

PAS DE RÉFORME SANS CLARTÉ

Pour réformer, disons-nous les choses, faisons-nous confiance, arrêtons de jouer à ces jeux immatures de critique du gouvernement, de ses prévisions annuelles et de son budget. Arrêtons de croire qu'un « bon ministre » est celui qui accroît son enveloppe de dépenses, gage de sa puissance. Cessons de jouer à nous faire mal en prolongeant la situation. Il est tard.

Arrêtons de nous dire que « c'est dans les charges », comme dans ces immeubles où la copropriété paiera. Car la copropriété, c'est nous ! Et nous consommons alors plus d'électricité, plus d'eau, jusqu'au moment où un compteur vient mesurer nos consommations. Alors, elles baissent.

Nous ne pouvons avancer dans les réformes sans avoir plus d'informations sur leurs raisons d'être, sur ce qu'on en attend, sur les risques de l'opération, les délais et leurs conditions de suivi. La réforme n'est pas une bouteille à la mer, une boîte noire, moins encore un processus dont il faut attendre, mais plus tard, le succès soudain. Une réforme se prépare. Elle se suit, s'entretient, se teste. Soyons d'accord là-dessus. Car c'est la principale lacune du système français et son principal risque : soit il ne réforme pas, soit il réforme sans suivre, au risque d'en rajouter et d'entasser. Aujourd'hui, il nous faut une panoplie d'indicateurs pour suivre et poursuivre les actions en cours. Soyons aussi d'accord là-dessus.

À compléter : la feuille de route des réformes en France

Réforme du capital humain :
— part des universités en phase de réforme ;
— nombre de stages en entreprise en pour-cent des étudiants ;
— part des pôles d'activité, incubateurs ou centres de recherche de rang 1...

Réforme du marché du travail :
— durée moyenne du chômage ;
— indice de recherche active ;
— nombre de radiations après refus de proposition...

Réforme du marché des biens :
— indice des prix des biens et services ;
— nombre de créations ou extensions de surfaces ;
— délai de paiement des grandes surfaces...

Nous souffrons de trop d'idées sans lendemain, d'engagements sans mesure, de mesures sans suite, sachant surtout qu'elles s'empilent. Quand le ministre de l'Économie Thierry Breton parle d'un panier type, il faut qu'il soit suivi par l'INSEE et clairement publié. En lieu et place d'un autre. Ce n'est pas « le panier de Thierry Breton », ou les mesures PME de Dutreil, ou encore l'indice Novelli ! Regardons ce que nous avons fait en matière de recherche : une série de réseaux, de structures, d'aides qui s'ajoutent, au gré des lois et des ministres (RRIT, réseaux de recherche et d'innovation technologiques, CNRT, centres nationaux de recherche technologique, ETR, équipes de recherche technologique, CRITT, CRT, PFT, RDT...). Quelle liste ! Il faut que nous soyons bien riches ! Pour en sortir, il nous faut établir une feuille de route, simple, de nos réformes et de leurs effets. Il faut des indicateurs, avec des explications et des corrections quand les choses ne se passent pas comme prévu, et les bons points le reste du temps. Autrement, nous allons passer d'une indolence à l'autre : de celle où nous freinons pour ne pas bouger à celle où nous feignons de bouger.

PAS DE TAXATION SANS EXPLICATION

No taxation without representation : c'est la phrase du R. Jonathan Mayhew à Boston en 1750 (pas de taxation, subie, sans représentation au parlement de Londres). Elle va conduire à la *Boston Tea Party,* cette révolte contre les taxes sur les importations de thé en 1776. La décision est en effet prise à Londres, sans représentation de la colonie. Ce mouvement sera l'origine politique des États-Unis d'Amérique et marque encore la psychologie profonde de ce pays par rapport à l'impôt et au gouvernement. Notons que nos Constituants de 1789 étaient également soucieux de l'usage de l'argent public. Mais il semble, depuis, que la protection qu'il prétend procurer et le pouvoir qu'il donne à qui l'extrait ont fait pencher la balance.

De fait, nous, Français, ne sommes pas allergiques à l'impôt, parce que nous ne sommes pas allergiques à l'État. C'est une bonne chose, puisqu'il faut évidemment des structures publiques, une armée, une police, une justice, une organisation des territoires, pour assurer la croissance. Mais attention aux limites. Il n'y a pas de marchés sans règles, de règles sans moyens de faire en sorte qu'elles sont appliquées et de vérifier comment les choses se passent, pour les corriger si nécessaire. L'anti-étatisme est anti-économique, puisqu'il sape les bases de l'économie, c'est-à-dire le contrat.

Mais l'adoro-étatisme n'est pas mieux. L'excès d'État est un danger avec ce qu'il implique de surcoûts, de lenteurs, de conflits et de risque d'irresponsabilité généralisée. C'est bien pourquoi il ne s'agit pas de réduire le nombre de fonctionnaires pour de simples raisons d'économie ou d'idéologie, mais pour donner plus de responsabilité à chacun, fonctionnaire *et* non-fonctionnaire. Cette même logique se retrouve quand il s'agit de réduire le nombre de structures (nombre de régions, nombre de niveaux hiérarchiques...). Il faut faire qu'un niveau donné de décision ait des responsabilités précises, sans conflit ni partage avec un autre, avec une taxation donnée. Pas de taxation sans représentation, pas de taxation et de représentation sans mandat clair, sans vérification et sans explication. « La société a le droit de demander compte à tout agent public de son administration », disent nos pères à l'article 15 de la Constitution de 1789.

Choisir, c'est éliminer : on connaît la phrase. Elle n'est pas fausse, mais surtout très partielle. Il faut mieux comprendre nos choix. Cela suppose de mieux connaître les enjeux chiffrés de toute décision. Autrement, elle sera manipulée par les paroles et par les « bons sentiments ». S'il s'agit de revoir la carte juridique du pays, sa carte militaire, sanitaire, ou encore sa carte politique, cela s'inscrit d'abord dans la nécessité d'avoir une structure politique plus efficace et réactive. C'est ensuite qu'il s'agit d'économiser les ressources venant de l'impôt, avant d'être « politicard ». Nos garnisons reflètent, dans le Nord, la guerre de 1870. Il n'est donc pas anormal de tenir compte désormais de la guerre moderne, celle du renseignement et de la *high-tech*. Pour la justice, il en est de même, puisque la notion de proximité a changé depuis Internet. *Idem* pour la Banque de France qui réduit le nombre de ses succursales, un nombre qui avait peu changé depuis le cher Napoléon, où la centralisation des effets se faisait à cheval.

Pas de politique sans évaluation,
pas d'évaluation sans comptabilité analytique

Savoir si on a eu raison de vouloir ce qu'on a voulu, c'est vraiment de la politique. Par contre, savoir si on aurait pu arriver à ses fins pour moins cher ou faire plus avec la même dépense, c'est de l'évaluation. Celle-ci doit intervenir en amont de la décision politique et elle implique une bonne connaissance des coûts mis en jeu par la décision. Mais nous sommes malheureusement dans un système dans lequel le fonctionnaire le mieux intentionné ne peut savoir ce que coûte ce qu'il fait, et dans lequel ce n'est toujours pas celui qui décide qui paie, pas sur son argent, bien sûr, mais sur son budget. Cela ne peut pas marcher. Faire une politique convenable de l'évaluation suppose l'existence d'une comptabilité analytique. Sinon, ce n'est que du discours...

Réformer le système de gestion collective par une évaluation valable implique que la comptabilité analytique soit considérée comme une comptabilité vraie. Il ne faut pas qu'elle soit surimposée à la comptabilité classique, qui est une sorte de comptabilité de cuisinière améliorée dont l'unique objet est de vérifier l'honnêteté de la dépense et non son opportunité.

Entretien avec Marcel Boiteux, réalisé par Martine Perbet, *Cahiers de l'évaluation*, nº 1, septembre 2008.

Encore une fois, il faut que cela soit clair et que la peur n'entre pas par la grande porte, à l'occasion des changements. L'État ne disparaît pas, il s'adapte. Comme pour les régions, les préfectures, les tribunaux, les bureaux de poste ou encore les hôpitaux. Nous n'allons pas vivre sans armée, sans règle, sans police, sans poste, sans soins. Et notre État sortira renforcé si ces fonctions régaliennes sont plus claires, mieux assurées et financées que dans le seul suivi du nombre de ses fonctionnaires. Regardons par exemple ce qui s'est passé pour le RSA, hors les remarques politiques que l'on peut toujours faire, en fonction de la sensibilité de chacun. Il y a eu cette fois une expérimentation entre départements versant ou ne versant pas d'incitation au retour à l'emploi. Cette approche reste rarissime en France – pourquoi donc ? Le travail mené conclut ainsi dans son rapport d'étape : « Quel que soit le mois considéré, le taux de retour à l'emploi sur les zones expérimentales est à chaque fois supérieur au taux sur les zones témoins, mais les écarts restent généralement dans l'intervalle de confiance, et ne sont pas statistiquement significatifs. Cumulés sur l'ensemble des mois connus, l'écart observé atteint 30 % et est statistiquement significatif au seuil de 5 %[1]. » Expérimentons, mesurons, adaptons, changeons. Et surveillons toujours. Tout s'use, dont les mesures d'aide, car tout change, dont l'économie et les comportements.

Disons-nous les choses !

Place de la Bastille : une horloge de la dette française !

us National Debt Clock

The Outstanding Public Debt as
of 19 Sep 2008 at 11:59:02 AM GMT is :

$9,650,001,498,986.08

The estimated population of the United States is 304,755,738
so each citizen's share of this debt is
$31,664.70.
The National Debt has continued to increase an average of
$1.80 billion per day
since September 28, 2007 !
Concerned ? Then !

Nota : La dette américaine vient de dépasser les 10 trillions, ce qui a nécessité l'ajout d'un chiffre au cadran...

---

1. François Bourguignon, *Rapport d'étape sur l'évaluation des expérimentations,* Sa synthèse, septembre 2008.

Stabilisez la dette publique française[1] !

2007 : croissance du PIB en valeur de 4,7 %.
 Ratio de déficit stabilisant la dette en 2007 : déficit/PIB = 2,8 %.
 Dette publique effective 2007 : 63,9 % du PIB.
2008 : croissance du PIB en volume de 1 % et en valeur de 3,5 %.
 Ratio stabilisant la dette en 2008 : déficit/PIB = 2,2 %.
 Déficit/PIB effectif prévu à 2,7 %,
 donc le ratio se dégrade à 65,3 %.
2009 : croissance du PIB en volume de 1 % et en valeur de 3,1 %.
 Ratio stabilisant la dette en 2009 : déficit/PIB = (0,031/1,031) ×
 65,3 = 2 %.
 Déficit/PIB effectif prévu à 2,7 %,
 donc le ratio se dégrade encore à 66 %.

 Ce n'est donc pas fini.

1. Olivier Eluère, ECO, Crédit agricole. Un peu de mathématiques :
 On recherche le niveau de déficit qui permet de stabiliser le ratio dette publique / PIB. Dire que le ratio dette publique / PIB est stable, c'est dire que la variable temporelle dette publique / PIB est constante en fonction du temps. Donc la dérivée de cette variable est nulle.
 D'où : $d(D/PIB) = 0$,
 on a donc $dD/D = dPIB/PIB$
 ie. $(D_n - D_{n-1})/D_{n-1} = (PIB_n - PIB_{n-1}/PIB_{n-1} = g$,
 où g est le taux de croissance du PIB en valeur
 $déficit_n/D_{n-1} = g$.
 Donc $déficit_n/PIB_n = g \times D_{n-1}/PIB_n$, soit :
 $Deficit_n/PIB_n = (g/1 + g) \times D_{n-1}/PIB_{n-1}$.
 Pour que le ratio dette publique / PIB reste l'année n au même niveau que l'année $(n-1)$, il faut que le ratio $déficit_n/PIB_n$ atteigne le niveau donné par l'équation 1.
 Déficit/PIB effectif prévu à 2,7 %, donc le ratio se dégrade, à 65,3 %.

C'est pourquoi il faut que, nous Français, ayons une meilleure connaissance de nos dettes, sans rêver que nous les laisserons à nos enfants et petits-enfants, puisqu'elles sont à huit ans ! C'est pourquoi il faut que nous regardions la dette qui se développe, et aussi celle des collectivités locales, une dette largement financée par emprunt bancaire. Cette proposition a déjà été faite, et toujours refusée. « Cachez ce sein que je ne saurais voir. » Ne tartuffons pas sur notre efficacité privée ou publique et sur la dette !

PAS DE RÉFORME SANS POLITIQUE DE LA FAMILLE
ET SANS FORMATION

Pour des raisons assez difficiles à comprendre, la famille est de droite (en France), comme la démographie (hors le PC). Pour des raisons assez mystérieuses aussi, la formation générale est plutôt de gauche, la formation spécialisée plutôt de droite, la concurrence entre formations de droite... et ainsi de suite.

Pourtant, tout le monde est d'accord sur le fait qu'il faut aider les familles, permettre des crèches, soutenir le travail des femmes. Et cela pas seulement pour des raisons de retraites ou de croissance potentielle, mais parce que tout le monde sait que l'équilibre fondamental de notre société vient de la combinaison de ses générations, populations, croyances et modes de vie. Tout le monde sait aussi qu'il faut soutenir la formation générale, mais aussi spécialisée, et qu'il y a beaucoup d'offres d'emploi non satisfaites, notamment dans nombre de métiers manuels, alors que les formations exclusivement générales offrent peu ou pas de débouchés. Cessons donc d'opposer les activités « nobles » aux autres : nous sommes en République !

C'est bien pourquoi l'investissement en formation est si important, et tout au long de la vie. L'histoire commence avec les jeunes années, où nos enfants et petits-enfants doivent s'ouvrir au monde, aux langues, aux goûts et aux couleurs. Dans notre monde divers, la monotonie est mortelle. C'est ainsi qu'il faut former dans les collèges et lycées. C'est là qu'il faut parler de l'entreprise telle qu'elle est, avec ses risques et ses avantages, le profit et ses usages. Le débat actuel sur l'enseignement de l'économie et de l'entreprise en France montre comment les choses doivent changer, en allant de représentations trop générales vers des données plus précises, vers l'entreprise, la concurrence, les comportements. Une meilleure présentation des choix des agents et de leur interdépendance, *puis* un passage à la macroéconomie est indispensable. Il ne s'agit pas de « braquer » une part du corps enseignant du secondaire mais de faire évoluer les contenus, avec plus d'économie appliquée, notamment d'entreprise. En mathématiques, en sciences naturelles, les choses se passent plus aisément qu'en économie où le contenu idéologique, pour ne pas dire politique, est plus élevé. Le rapport Guesnerie, les travaux de l'Académie des sciences morales et politiques éclairent ce débat, au moment où changent les programmes. Préparons-nous, au moins, au monde tel qu'il est.

L'entreprise à l'école

Notons, à ce stade, qu'est paradoxale, dans les programmes actuels, la part prépondérante des références à l'analyse macroéconomique, qui s'appuie sur les savoirs les plus difficiles et les moins consensuels de la discipline, alors que le savoir microéconomique est souvent mieux fondé et plus simplement applicable, plus susceptible d'éclairer des expériences de la vie courante. Notons en outre, même si c'est de façon incidente, qu'il serait aussi paradoxal, comme la tentation en apparaît dans les enseignements de spécialité, de substituer l'étude de l'histoire du savoir à l'étude du savoir, pour faire bref l'histoire de la pensée économique ou sociologique à l'analyse économique ou sociologique. Il paraît beaucoup plus difficile de faire accéder un lycéen à l'histoire de la pensée économique que de lui faire comprendre les fondamentaux de l'analyse économique.

De même, l'enseignement en seconde pose des problèmes largement spécifiques. La Commission est très sensible à la demande d'un enseignement obligatoire, qui répondrait aux soucis exprimés particulièrement par le Codice, et plus généralement par ceux qui s'inquiètent de l'absence de connaissances sur les réalités incontournables de l'entreprise.

Rapport au ministre de l'Éducation nationale de la mission d'audit des manuels et programmes de sciences économiques et sociales du lycée présidée par Roger Guesnerie, professeur au Collège de France, juin 2008.

Les travaux récents du CAE[1] montrent alors, en supposant que progressivement la France a la proportion de diplômés de nos pays cibles (Angleterre et Allemagne essentiellement), qu'il faut d'abord investir beaucoup pour récolter ensuite des fruits importants. Les montants atteints sont en effet impressionnants : la somme actualisée du gain brut est 10,4 % du PIB à 15 ans si on vise les Anglo-Saxons (États-Unis, Canada et Royaume-Uni), 6,2 % les Scandinaves (Danemark, Finlande et Suède) et 4 % les Rhénans (Allemagne, Belgique et Pays-Bas).

PAS DE RÉFORME SANS L'ENTREPRISE AU CENTRE DE LA STRATÉGIE DE CROISSANCE, AVEC UNE RÉDUCTION DES COÛTS SALARIAUX

Quelle que soit la manière dont on le tourne, il ne peut y avoir croissance sans développement des entreprises, notamment de taille petite et moyenne. Et quelle que soit la façon dont on le présente, cette croissance ne peut se faire qu'avec plus de liberté laissée aux entrepreneurs, pour acheter et vendre, embaucher et licencier, contracter avec des écoles et des universités, se développer dans les pôles de compétitivité, innover et déposer des brevets, aller et venir, prospecter et découvrir. Ces libertés doivent évidemment se faire dans le cadre des lois, mais avec moins de surveillances multiples et successives, avec moins de suspicion. Avec plus de contrat et plus de confiance. Nos entreprises sont aujourd'hui moins rentables que leurs concurrentes, qu'elles affrontent tous les jours. Elles en sont plus fragiles, et tendent à se vendre plus tôt que les autres. À qui ?

1. Philippe Aghion, Gilbert Cette, Élie Cohen, Jean Pisani-Ferry, *Les leviers de la croissance française*, Paris, La Documentation française, rapport au Conseil d'analyse économique, n° 72, 2007.

Un guichet unique par fonction pour la PME

— la PME individuelle doit avoir un seul partenaire étatique pour sa fiscalité, qu'il s'agisse de l'établir, de la préciser et de la recouvrer ;

— cette PME fait face à un partenaire unique pour l'emploi ;

— elle a aussi un partenaire unique pour la recherche publique ;

— les collectivités locales entrent dans cette même logique de guichet centralisateur ;

— les chambres de commerce se concentrent et offrent des prestations groupées.

Et bien sûr, chaque fois, c'est Internet qui doit être utilisé. L'e-administration est une source rare de productivité. Sans attendre le SBA européen, *Small Business Act,* les collectivités locales passent le tiers de leurs commandes à des PME. Et elles payent vite.

De leur côté, les grandes entreprises s'engagent à payer leurs PME à bonne date, à les faire progresser avec elles en termes d'innovation et de présence à l'étranger. Elles signent des pactes PME avec leurs principales contreparties.

Et si nous voulons vraiment tenir l'emploi, il faut repenser nos volumes d'aides en les concentrant : nous dépensons ainsi 14 milliards de formation professionnelle et 20 d'allègements généraux (sans compter 28 d'indemnités du chômage). Est-ce qu'on ne peut pas les surveiller plus et surtout les concentrer davantage ? Voilà le nouveau chantier, où il faudra avancer résolument.

PAS DE RÉFORME SANS RÉDUCTION DES COÛTS DE L'ÉTAT

Chaque fois que des avancées sont à faire, on découvre la complexité de nos lois et règles, structures et statuts. Chaque fois qu'une proposition est avancée, un docte nous dit : « N'oubliez pas que le diable est dans les détails ! » De fait, nous abritons plusieurs diables dans nos forêts de textes. Nous avons chaque fois les plus grandes difficultés à avancer, surtout quand le temps presse. Combien avons-nous de contrats de travail, de formules d'aides, de soutien ? Chaque fois que des simplifications sont proposées, les deux partenaires sociaux s'y opposent. Parce que c'est le terrain de la négociation qui, ainsi, laisse « moins de grain à moudre », selon l'expression fameuse de M. Bergeron. En fait, c'est le terrain de la souplesse « à la française » qui se réduit, le maquis des règles, contrats, situations, procédures. Négocier, c'est alors compliquer. Il faut plutôt nous engager dans la simplification des contrats de travail. Sans aller jusqu'au contrat unique (tournure), au moins réduisons leur nombre ! Et continuons, partout ailleurs, sur cette lancée !

Faire confiance aux fonctionnaires

On ne peut ni ne pourra changer les structures publiques sans les fonctionnaires, à plus forte raison contre eux :

Quand j'ai voulu redonner aux chefs de centre toute latitude de gestion sur leur budget, dorénavant divisé seulement en deux blocs – fonctionnement et investissement –, certains m'ont dit : « Ce n'est pas possible, ils vont gaspiller », ce à quoi j'ai répondu : « Ne croyez pas cela ; dès lors qu'ils sont responsables, vous verrez qu'ils feront des économies » et la réponse a fusé aussitôt : « Mais s'ils font des économies, on ne va pas dépenser la totalité des budgets et, l'année prochaine, l'État va imposer des réductions. » On ne croyait plus qu'à la mécanique budgétaire !

Tout le problème était de rendre le chef de centre de distribution responsable de ses résultats, bien qu'il ne maîtrise pas ses prix de vente (les tarifs étaient fixés au niveau national) ni d'ailleurs ses salaires (décidés à Paris). J'ai proposé que ledit chef de centre soit jugé sur l'évolution de son résultat à prix constant, ce qui n'est autre que ce qu'on a appelé ensuite la « productivité globale des facteurs ». L'idée était que ce n'était pas le résultat en valeur absolue qui importait mais la façon dont il évoluait.

Entretien avec Marcel Boiteux, réalisé par Martine Perbet, *Cahiers de l'évaluation*, n° 1, septembre 2008.

L'État doit entrer dans une stratégie claire de soutien à la croissance potentielle, en précisant non seulement ses axes, voir plus haut pour 2025, mais plus encore leur cohérence et leur échéancier. Il faut souligner aujourd'hui à quel point tout doit éviter le caractère procyclique de l'activité économique et financière. Cela veut dire qu'il nous faut faire des économies, engranger des réserves. Donc dépenser moins sur des dépenses courantes, investir en formation, flexibiliser notre façon d'avancer. Enfin, comme l'État n'est pas tout, il faut qu'il entre en négociations avec les collectivités locales. Pas de croissance sans explication et sans simplification ! Et donc pas de croissance sans appui des fonctionnaires et des agents des collectivités locales pour qu'ils jouent le jeu de cette modernisation. Leur métier en sera plus intéressant et plus utile. Mais il est clair que tous les postes ne pourront être maintenus : il faut se dire la vérité, qui n'est pas une surprise.

PAS DE RÉFORME
SANS RESPONSABILITÉS CLAIRES

Dans un monde plus compliqué et actuellement en crise, il faut avancer plus ensemble, avec l'Europe, en France, dans les collectivités locales et les territoires. Plus ensemble dans les collectivités locales veut dire qu'il nous faut une clarification des rôles de chacun et moins de niveaux, nous l'avons mentionné. Mais il ne faut surtout pas que cette réorganisation soit vécue, ou soit, un abandon de l'État et des collectivités locales notamment des personnes fragiles. C'est dans ce contexte que les services à la personne ont une importance redoublée. S'occuper des autres devient une part décisive de notre pacte social dans notre contexte économique et financier tendu. Cette nouvelle donne des services est celle de rapports entre individus, comme toujours, mais avec désormais plus de technologie, plus de formation, une plus forte implication des acteurs pour absorber le choc, donc pour maintenir le tissu social. Il vaut mieux que plus de Français travaillent peu, sous forme fractionnée ou adaptée, selon des horaires variables, en utilisant éventuellement les nouvelles technologies, que pas. C'est évident. Attention donc à notre tendance à l'autodérision. Celle des « petits boulots » peut revenir, comme celle des « boulots à domicile », alors qu'il s'agit de services *à la personne*. C'est d'un rapport humain et social qu'il s'agit, à renforcer et à moderniser, pas d'un déplacement ou d'un déclassement.

Les services à la personne : une obligatoire réactivation[1]

Tous les services, y compris les services à la personne, vont devenir productifs. Ils vont devenir productifs, non parce qu'on les produira plus vite, mais parce que, grâce aux technologies de l'information, on sera capable de les organiser sur les lieux de vie des consommateurs, donc de les diversifier et d'en augmenter structurellement la qualité. Cette nouvelle façon de satisfaire les besoins des consommateurs permettra de mieux les satisfaire et donc de soutenir une croissance porteuse d'un grand nombre d'emplois non délocalisables. Il est donc possible de transformer ce qui était une politique de soutien public indéfini à la création de « petits boulots » en une politique de soutien à l'innovation, une sorte de politique « industrielle » dans des services d'avenir. Dans une telle perspective, les aides ont vocation à être réduites et supprimées au fur et à mesure que les services à la personne deviendront productifs. Le rôle de l'État ne consiste plus à freiner le développement indéfini des aides aux services de confort pour tous les Français, mais à les distribuer à un rythme compatible avec la capacité des acteurs à les utiliser pour mettre en place une organisation productive des services à la personne. C'est aussi en facilitant la naissance de tous ces services à la personne productifs que l'État préparera le mieux le pays à satisfaire les besoins croissants des personnes fragiles.

1. Michèle Debonneuil, *Les services à la personne : bilan et perspectives*, septembre 2008, Inspection générale des Finances, n° 2008-M-024-01.

Ces mesures ont permis d'impulser une nouvelle dynamique aux structures rendant des services de confort à tous les Français. Les entreprises privées, qui n'étaient que de 710 au moment du plan, sont 2 704 en 2007 et devraient être 4 653 en 2008. Pour rendre ces services à tous les Français, 27 540 emplois ont été créés en 2006, puis 48 300 en 2007. Mais la dynamique ne fait que s'amorcer.

PAS DE RÉFORMES SANS RÉGULATION

Il est clair que la crise actuelle fait critiquer les régulations antérieures, souligne leurs limites et leurs effets pervers. Nous avons eu l'occasion de montrer plus haut que les règles, ici ou là, en avaient toutes (soit j'évite, je triche ou je passe à travers, soit le paradoxe de la tranquillité : je suis moins soucieux, puisque je suis plus en confiance, et donc...). C'est toujours la même chose. Mais une autre réaction arrive aussi : celle de dire qu'il faut réguler plus, sinon de tout contrôler. Le poids plus important de l'État, partout, est un moment de l'histoire, avec la crise financière. Il est nécessaire mais doit être circonscrit. Il y aura des rectifications de frontière, des remises en cause, mais évitons les excès. La régulation doit être revue certes, mais l'autorégulation n'a pas que des défauts et la régulation externe que des qualités. C'est maintenant aussi que l'Europe doit montrer son efficacité, en pesant dans le débat, avec sa culture. C'est surtout maintenant qu'elle doit passer d'une logique marché, concurrence, flexibilité – toujours nécessaire –, à une logique incitation, coordination, réorganisation, soutien au changement.

Le fameux paquet de Lisbonne, lancé en 2000 et revu en 2005, montre en effet ses limites. L'objectif était ambitieux (l'économie la plus compétitive au monde et le plein-emploi avant 2010) mais les moyens étaient insuffisants en argent et la pression sur les participants trop « dure ». C'est d'ailleurs souvent ainsi que ça se passe :

on critique les participants (la fameuse *peer pressure,* pression des pairs) quand on n'a pas les moyens de leur permettre d'atteindre ce qu'on leur demande ! Le nouveau Lisbonne, issu du bilan à mi-parcours de 2005, doit donc permettre une stratégie commune. Il s'agit d'aider aux réformes des marchés de l'emploi et des biens par des politiques plus coordonnées : attitude commune à l'OMC, soutien à la flexicurité (combinaison de flexibilité sur le poste et de soutien à la personne dans le marché du travail). C'est la coopération qui permet la solution, pas l'humiliation.

Il faut continuer dans cette voie et faire que l'Europe aborde les dossiers des harmonisations sociale et fiscale. Même si elle ne les aime pas beaucoup, même si cela heurte certaines logiques anglo-saxonnes, c'est bien là qu'il faut aller. On voit en effet les limites des logiques qui fonctionnent aux seules tensions internes quand frappe la crise externe. Elles accusent le trait. On voit aussi qu'une logique purement marché n'est pas la nôtre : nous préférons des approches plus complexes, plus mêlées (c'est notre pacte). Le profit importe en Europe bien sûr, mais aussi l'entreprise, l'emploi, le territoire, les racines, l'histoire. Nous sommes prêts à des compromis pour les faire avancer ensemble, autant que possible. Ce n'est donc pas faire marche arrière que de soutenir la « coordination positive », celle de la recherche ou de l'éducation par exemple en allant plus loin dans une coordination politique de grands projets, par rapport à la « coordination négative » de renforcement du marché unique, de logique concurrentielle plus forte et d'un programme de stabilité et de croissance plus serré. La base minimale de la relance européenne, c'est l'arrêt des politiques non coopératives.

SAUVER LE PAYS : FONDS SOUVERAIN ET FONDS DE PENSION

Nous allons continuer à changer dans l'environnement de l'après-*subprime.* Le problème est de faire en sorte qu'il nous soit plus favorable, donc de (se) dire d'abord que les réformes continuent. Personne ne sera surpris, car le temps est en réalité plus propice au changement. Partout la croissance est plus lente et difficile, mais partout aussi on comprend que les politiques non coordonnées n'ont pas de sens. La crise est venue des États-Unis ; elle s'est propagée parce que les surveillances mutuelles n'ont pas eu lieu et que les réactions n'ont pas ensuite été coordonnées. Il a fallu que l'Europe s'y mette pour que les choses avancent vraiment, pas que chaque pays joue perso, encore une fois. Les États-Unis peuvent le faire (merci à eux), pas l'Europe. En même temps, cette coordination qui commence doit absolument être renforcée. Une nouvelle dynamique européenne peut naître de ce qui nous a touchés, et vient de nous faire réagir. Ensemble.

En France, le changement de mœurs qui permet et soutient les réformes doit être poursuivi. Le fameux bonus-malus qui affecte(ra) les autos polluantes ou très consommatrices d'énergie est celui-là même de notre assurance. Il n'y a aucune raison que notre comportement ne soit pas plus vertueux, écologique, économique pour la bonne raison que ceux de nos voisins et concitoyens le sont et que nous en bénéficions. Nous ne pouvons vivre au crochet des autres. Il n'y a donc aucune raison de ne pas développer des bilans santé aux grandes étapes de la vie : risques de l'adolescence (drogue, sexualité), risques cardiovasculaires de la quarantaine, poids et cancers de la cinquantaine, sans oublier un suivi spécifique pour les cas de précarité. La logique bonus-malus est la traduction monétaire de comportements rationnels, sages, avertis... comme on veut. Elle est une grande source d'économie et d'efficacité, en fait d'une insertion responsable dans notre société.

Et comme, en même temps, notre situation financière se dégrade à vue d'œil et nos capacités de résistance financière s'effilochent, il faut faire quelque chose. Outre les réformes à mener sur les marchés du travail et des biens, outre les pistes à explorer, outre le programme 2025, il nous faut des moyens. Ces moyens sont notre fond souverain. Alimenté par les privatisations, il doit se renforcer, pas avec l'idée de soutenir nos canards boiteux bien sûr, ni même de grandes causes nationales. Nous en trouverons toujours quand nous serons riches, plus tard. Il s'agit aujourd'hui d'axes et de secteurs stratégiques. Ce fonds doit être le moyen d'une politique de soutien à notre croissance, notamment dans les grands pays émergents (nourriture, pollution, eau, énergie...). Nous avons actuellement 40 milliards d'euros dans le fonds de stabilisation des retraites, allons vers 200. Nous ne pouvons pas demander à d'autres fonds souverains de respecter des codes si nous n'avons pas des moyens financiers voisins des leurs. Le capitalisme anglo-saxon vient de tourner une page de dérégulation, pas le nôtre. Celui-là vient de prendre la mesure de ses excès, n'en tirons pas prétexte pour revenir ici en arrière.

Il ne s'agit pas de chercher une voie moyenne du capitalisme mondial, mais de renforcer la voie européenne, sans complexe désormais, sans protectionnisme, et donc ensemble.

Sortons *grandis* de l'épreuve

Au fond, la seule question qui vaille est celle-ci : allons-nous sortir grandis de cette épreuve qu'est la crise financière mondiale ? L'épreuve la plus grave depuis la Seconde Guerre mondiale ? Allons-nous accélérer les réformes que nous avons commencées en France, quand les temps étaient plus cléments ? Allons-nous renforcer la construction européenne ? Ou bien allons-nous tirer prétexte des difficultés du temps pour ralentir, changer de cap, faire du chacun pour soi ou, pire, retourner au port ? Allons-nous rendre le président actuel responsable de ne pas avoir pris les bonnes décisions avant avec le « paquet fiscal », aujourd'hui en étant trop lent (?), demain en ne « relançant » pas ?

On se doute de notre réponse. Le « paquet fiscal » en France s'explique pour des raisons économiques et politiques de l'époque, en liaison avec les ruptures annoncées. On peut le critiquer ou le regretter, mais c'est fait pour l'essentiel. En revanche, si on fait machine arrière quand c'est plus difficile, nous aurons perdu notre chance historique de changer, maintenant qu'une majorité politique s'est exprimée sur le sujet. Et si on ne voit pas les limites du jeu perso entre pays européens, maintenant qu'on voit à quel point il est dévastateur, l'Europe aura perdu dix ans et sa crédibilité plus encore. La base de toute relance, c'est la coordination. Elle a commencé avec les décisions dans le domaine de la banque et de la finance, mais il faut aller plus avant. C'est ce qui se passe dans le domaine financier et budgétaire, en tenant compte des circonstances exceptionnelles que nous vivons par rapport aux règles du Pacte de stabilité et de croissance. Ce qui pourrait aller plus loin dans des initiatives coordonnées de recherche, dans les services et dans l'industrie. Servicisation moderne en Europe, nouvelle réindustrialisation ? Il faut avancer dans ces domaines. Tout le monde sait que le chantier de la réforme est dur, à plus forte raison quand les réformes sont nombreuses, plus encore si la bourrasque financière fait rage. Mais c'est à ce moment-là aussi qu'on mesure ce qui est essentiel : la qualité des hommes et des femmes, la solidité des institutions, la force des entreprises, la résistance du corps social, la valeur d'une stratégie. Tout cela fonctionne et se renforce mutuellement dans les économies qui réussissent. Et pour nous ?

La France est un « grand corps malade » qui se contemple avec délice. Elle se perd dans la grande bataille internationale, d'autant plus qu'elle a pratiqué une série de médications contre-indiquées, variantes du « socialisme dans un seul pays » : 35 heures, retraite à 60 ans, relance par la consommation. Elle doit changer, donc admettre qu'elle s'est trompée. Qu'est-ce qui est le plus dur ? Elle a *mal à la croissance,* parce qu'elle lui manque, *mal à l'emploi,* parce qu'elle n'ose pas le traiter frontalement, *mal aux* PME, parce qu'elle ne veut pas se dire qu'il n'y a qu'elles, *mal aux pauvres,* parce qu'elle n'ose pas leur dire qu'ils sont *aussi* en partie responsables de ce qui leur arrive et qu'il faut travailler ensemble à en sortir (RSA), *mal aux jeunes,* parce qu'elle leur offre ses interrogations et des dettes, *mal aux riches,* parce qu'elle n'ose pas leur dire qu'elle a besoin d'eux et *aussi* qu'ils doivent se comporter dignement. *Mal à elle,* parce que son honneur est en jeu, l'idée qu'elle se fait d'elle, de sa capacité à produire des idées... qui servent.

Les signes économiques de l'engourdissement français se manifestent par le commerce extérieur, le départ des jeunes ou la difficulté à intégrer nos différences dans un élan commun. Les banlieues en sont la preuve. Mais on ne doit pas oublier que nos jeunes veulent changer et qu'ils sont bien plus pragmatiques que leurs aînés. Ils savent ce qu'est 1 €, une carrière, un emploi. Ils savent aussi que nous leur laissons un beau pays, plus des problèmes. Mais alors pourquoi ne pas réagir davantage ? Pourquoi idéologiser encore ? Pourquoi démobiliser ceux qui osent, critiquer ceux qui tentent, rire de ceux qui ratent ? La France est usante pour ceux qui y travaillent et y risquent, décourageante pour ceux qui s'approchent du marché du travail – jeunes ou vieux, salariés ou patrons –, épuisante avec tous ces donneurs de leçons.

La France usante, c'est celle qui fatigue nos entreprises moyennes. C'est celle qui démotive nos salariés, dont la productivité horaire est une des plus élevées du monde, pour la bonne raison que leur nombre d'heures de travail a été réduit. Cela renforce la productivité par heure de ceux qui peuvent résister et décourage les autres. La France décourageante est aussi celle des salariés pas assez formés, des *seniors* largués par les nouvelles technologies, des jeunes qui ne maîtrisent pas l'anglais. Nous connaissons ces faiblesses, nous cherchons des coupables et refusons la réalité. Quand serons-nous donc moins urbains avec ceux qui nous trompent ? Ceux pour qui la générosité mondialiste est une ambition communale, l'arrachage de plantes une recherche de revenus électifs ? Ceux pour qui changer le monde est une façon de le continuer ? La France au fond de la piscine doit dire leur fait à ces maîtres nageurs qui ne savent pas nager, se trompent de bassin, l'ont mal préparée. En tout cas, qui ne sont pas dans l'eau avec elle.

« TRAVAILLER PLUS POUR GAGNER PLUS »

On connaît la phrase qui a fait gagner Nicolas Sarkozy. Mais elle n'est pas complète. Travailler plus est toujours possible, gagner plus aussi, mais n'a de réalité que si ce travail est productif – autrement dit, correspond à des biens et services vendus sur le marché avec profit. Donc si cette production est rentable : alors de vrais revenus naissent et peuvent être répartis. Prise de façon incomplète, elle pourrait faire naître des heures supplémentaires hors marché, avec des rémunérations qui ne font que grever le budget et la dette.

LE BEURRE OU L'ARGENT DU BEURRE (SANS LA CRÉMIÈRE)

Nous devons mieux présenter nos choix. Si les heures sup sont défiscalisées, elles ne participent pas au financement des charges sociales, ce qui paraît peu compréhensible (tournure...). Si l'on veut exonérer les restaurants de TVA pour leur permettre d'embaucher, encore faut-il le vérifier et dire que nous perdons ainsi des millions de ressources pour une activité qui n'est pas délocalisable. Même chose pour le RSA, avec sa nécessité et ses risques, ou la TVA sociale. Si l'on veut soutenir l'emploi des seniors, demandons-nous s'ils doivent cotiser à l'assurance chômage à partir de 60 ans. Ouvrons les yeux. Posons-nous des questions.

Au moment où nous sommes au bord d'une longue phase de croissance lente et de reconstitution de nos ressources, au moment où la géographie de la richesse et du pouvoir change radicalement, nous devons penser notre situation, comme nous le demande Marc Bloch. Pour continuer à avancer, ensemble. Il faut demander aux leaders politiques de droite de cesser de se savonner la planche, et à ceux de gauche de contribuer à sortir la France de la crise. Cette France aura besoin d'idées et de talents, on ne voit pas pourquoi ils viendraient d'un seul horizon. Pourquoi le consensus est-il impossible en France, surtout quand le temps est aussi couvert ? Ce qui réunit ceux qui veulent changer est plus important que ce qui les divise. Nous verrons plus tard pour nous déchirer. Les entreprises doivent être aussi plus claires sur leurs projets, communiquer avec leurs salariés, revoir les trajectoires d'emploi, de formation, de rémunération. C'est à elles d'expliquer et de baliser le futur. Partout, plus de clarté, de justice, de durée. Les salariés et leurs syndicats doivent participer à cette reconstruction de l'économie de marché, s'ils veulent qu'elle soit, aussi, sociale.

Faisons front. Remontons. Oublions, au moins temporairement, le folklore du village gaulois.

Table des matières

Table des matières

Imprimé en France
par MD Impressions
73, avenue Ronsard, 41100 Vendôme
Juin 2009 — N° 55 358

MD Impressions est titulaire du label Imprim'Vert®